Oliver Bosshard

EINFACH FREI

Das Ende der spirituellen Suche
nach Erleuchtung

Eine Einheits-Lektüre

Für Mona.

Danksagung

Ich möchte mich an dieser Stelle ganz herzlich bei allen bedanken, die mich während der Entstehung dieses Buches begleitet und unterstützt haben.

Ganz besonders bedanken möchte ich mich bei Mona, Thomas, Caroline, Mario, Isabelle und Beat.

Oliver Bosshard

EINFACH FREI

Das Ende der spirituellen Suche
nach Erleuchtung

∞

Eine Einheits-Lektüre

Bibliografische Information der Deutschen
Nationalbibliothek
Die Deutsche Nationalbibliothek verzeichnet diese
Publikation in der Deutschen Nationalbibliografie;
detaillierte bibliografische Daten sind im Internet
über http://dnb.d-nb.de abrufbar.

Oliver Bosshard, »Einfach frei«

© 2012 Oliver Bosshard, www.satsang.ch

Alle Rechte vorbehalten.

Herstellung und Verlag: BoD – Books on Demand

ISBN: 9783842366022

INHALT

∞

»Alles ist Eins.«

∞

EINLEITUNG

Bist du, liebe Leserin, lieber Leser, auf der Suche nach Wegen und Praktiken, um EINS mit allem zu werden? Bist du auf der Suche nach ursachlosem Glück, ewigem Leben und grenzenloser Freiheit? Auf der Suche nach Gott? Nach einem Lebenssinn? Glaubst du, dass es da noch irgendetwas »Höheres« geben muss? Meditierst du, vielleicht sogar mit der Absicht, irgendwann einmal erleuchtet zu werden, auch wenn du das nicht so gerne zugibst? Gehörst du einer spirituellen oder religiösen Gemeinschaft an, mit deren Ansichten du aber nicht unbedingt immer ganz in Einklang bist? Gibst du dir vielleicht sogar ernsthaft Mühe, bewusst im Hier und Jetzt zu leben?

Wenn du einige dieser Fragen mit »ja« beantworten kannst, dann sind dies gute Voraussetzungen für die Lektüre dieses Buches. Doch sei an dieser Stelle gewarnt! Es kann durchaus sein, dass danach einiges anders sein wird in deinem Leben. Es kann sein, dass die Person, für die du dich momentan noch hältst, nach der Lektüre dieses Buches verschwunden sein wird, zusammen mit allen existentiellen und spirituellen Fragen und der Sehnsucht nach Einheit. Ja, dieses Risiko musst du eingehen, denn deine vielen Fragen werden nur zusammen mit dem Verschwinden der Person beantwortet werden, für die du dich im Moment noch hältst.

Damit wir uns richtig verstehen: Ich rede nicht vom Verschwinden deines physischen Körpers. Dieses Wunderwerk der Natur darf getrost am Leben bleiben. Nein, ich rede vom Verschwinden des kleinen und sehr beschränkten persönlichen Ichs, dem »Ichlein«, wie ich es von nun an nennen möchte. Du kennst es nur allzu gut. Es kommentiert und analysiert im Kopf auf Schritt und Tritt dein Leben. Wie ein Kommentator, der deine Gedanken in ein Hörbuch verwandelt. Du hast den Lärm, den diese Stimme in deinem Kopf verursacht, schon lange satt. Du möchtest das »Ichlein« endlich besiegen, »transformieren«, wie man so schön sagt, weil es, so denkst du zumindest, dein wahres Selbst verschleiert.

Ich habe eine gute Nachricht für dich. Für dein wahres Selbst, also für das, was du WIRKLICH bist, reine, lebendige Existenz, spielt es keine Rolle, ob dieses »Ichlein« da ist oder nicht. Das »Ichlein« ist nicht das Problem. Es taucht, wie alles in dieser dualen Welt, aus DEM auf, was du in Wirklichkeit bist. Aus der non-dualen Einheit, deinem wahren Selbst. Wie eine Welle aus dem Ozean des Seins. Und dieses Sein ist »Ich-los«. Vollkommen unpersönlich.

Doch was ist denn überhaupt dieses »wahre Selbst«, diese ominöse Einheit, von der ich hier spreche? Einheit ist immer das, was im jetzigen Moment ist. Einheit IST einfach. Es gibt nichts anderes. Manche nennen es »Sein«, manche »Quelle«, »wahres Selbst« oder »göttliche Essenz«. Es gibt unendlich viele Namen dafür. Einheit kann nicht von jemandem erreicht werden, und es muss nichts getan werden, um Einheit zu offenbaren. Einheit kann mit dem Verstand nicht erfasst und mit Worten nicht beschrieben werden. Die Worte in diesem Buch können daher nur als eine Art Wegweiser in Richtung Einheit dienen. Als Wegweiser zu einem Ort, der nie erreicht werden kann, da er schon immer hier ist. Die letztendliche Erkenntnis von Einheit erfolgt aber nicht wegen, sondern, wenn man so will, TROTZ der Worte dieses Buches. Das Buch ist also weder notwendig, noch hinderlich, um Einheit zu realisieren. Ursache und Wirkung gehören in die Welt der

Dualität. Im Einssein, also der Welt der Non-Dualität, haben sie nichts verloren.

Der letzte Schritt der spirituellen Reise, der »Sprung in die Erleuchtung«, kann und muss nicht gemacht werden, da es weder eine Reise, noch Erleuchtung gibt. Geschweige denn jemanden, der dies alles tun könnte. Einheit ist und bleibt Einheit. Spirituelle Suche und Erleuchtung sind eins.

∞

»Dieses Buch ist nun aber wirklich
das Allerletzte!«

∞

WAS IN DIESEM BUCH STEHT

Du kennst sie ganz bestimmt: die langen, spannenden Nachmittage in der Esoterik-Abteilung deiner Buchhandlung. Den Zwang, immer weitere Bücher im Internet zu sichten und zu bestellen. Der beherzte Vorsatz, dass dies nun endlich das letzte Buch zum Thema Satsang/Jetzt/Non-Dualismus ist, da ja eh alles gesagt ist, was gesagt werden kann, und überhaupt, das Ganze mit der Zeit ins Geld geht. Also ich kenne das von früher nur zu gut. Deshalb nahm ich mir vor, dein allerletztes Buch zum Thema Non-Dualismus zu schreiben. Du liest übrigens gerade drin.

In diesem Buch steht genaugenommen nichts. Das kann dir jedes Kleinkind bestätigen. Es ist hübsch zusammengeleimtes Papier mit etwas Druckerschwärze[1]. Dass da aber trotzdem etwas steht, verdanken wir unserer Konditionierung, oder besser gesagt, der Konditionierung des »Körper-Verstand-Komplexes«, den wir als »Ich« bezeichnen. Evolution und intensives Training in einer Gesellschaft ermöglichen es dem Verstand, der Druckerschwärze dieses Buches etwas abzugewinnen und ihr einen tieferen Sinn zu verleihen.

Die Worte, die vom spirituellen Verstand aus der Druckerschwärze dieses Buches gedeutet werden, weisen auf etwas hin, was jenseits von Beschreibbarem liegt. Sie weisen auf ein Mysterium hin, das im Grunde mit der Tatsache, dass da einfach nur Papier und Druckerschwärze sind, am besten erklärt werden kann. Doch dem Verstand einer Person, die gerne erleuchtet werden möchte, genügt dies nicht. Er möchte mit Informationen gefüttert werden, über die er nachdenken und die er analysieren und einordnen kann. »Papier und Druckschwärze! Da könnte man ja jedes bedruckte Papier nehmen«, denkt sich der Verstand. Ja, durchaus.

---

[1] Anmerkung des Autors zur E-Book-Edition: Stellt euch einfach vor, ihr würdet ein »normales« Buch lesen.

Es kann sein, dass der Verstand – sollte er es aushalten, diesem Buch zu folgen – erschöpft aufgibt, und plötzlich etwas auftaucht, was lange scheinbar verborgen war. Es ist DAS. DAS, was einfach nur IST, das Sein, das keinen Unterschied macht zwischen Papier, Druckerschwärze und Worten. Es ist DAS, was du in Wirklichkeit bist. Einheit. Dann wird dieses Buch nicht länger benötigt.

∞

»Mein Buch will keinen besseren Menschen aus dir
machen. Es möchte dir bloss zeigen,
dass du schon jetzt frei bist.«

∞

BRAUCHT MAN DENN DIESES BUCH ÜBERHAUPT?

Eigentlich hätte ich dieses Buch ja gleich aus Schokolade herstellen lassen sollen. Damit es dir leichter fällt, es nach der Lektüre loszulassen, indem du es dir einfach einverleibst. Nun besteht es eben aus Papier und Druckerschwärze. Langweilige Einheits-Lektüre, wenn du mir dieses Wortspiel gestattest. Du kannst das Buch, nachdem du es fertig gelesen hast, weiter verschenken oder im Internet versteigern. Du kannst es auch in dein Bücherregal stellen und deinen Freunden empfehlen, es zu kaufen (das ist übrigens mein ganz persönlicher Favorit!). Oder du kannst es aufgeschlagen auf deinen Hausaltar legen und jeden Morgen ein paar Zeilen darin lesen, wie es weltweit tagtäglich mit vielen sogenannt »heiligen Schriften« getan wird. Es spielt keine Rolle, was du mit dem Buch anstellst. Du wirst vor und nach der Lektüre sowieso immer noch gleich sein, nämlich Einheit. Höchstens dein Verstand wird nach der Lektüre um ein paar Worte und Konzepte reicher sein.

Nachdem du, wie ich vermute, während deiner spirituellen Suche schon unzählige Bücher verschlungen hast, kannst du nun endlich sagen: »Dieses Buch ist nun aber wirklich das Allerletzte!« Im Buch wird immer und immer wieder stehen, dass du es im Grunde gar nicht brauchst, denn frei bist du auch ohne dieses Buch. Und zwar genau JETZT.

Ich benutze viele Worte, um Einheit zu beschreiben. Ich beschreibe gewissermassen das Unbeschreibliche. Du wirst dich vielleicht fragen, weshalb denn dieser Typ überhaupt ein Buch schreibt, wenn man sowieso nichts beschreiben kann? Gute Frage. Keine Ahnung. Es gibt kein »weshalb«. Es ist das, was geschieht, genau JETZT, in diesem Moment, hier, bei dir, liebe Leserin, lieber Leser. Das, was in diesem Moment aus dem Ozean des Seins auftaucht. Es ist vollkommen. Es ist genau das, was du suchst. Da ist nie mehr und nie weniger. Viel Spass beim Lesen!

ANLEITUNG ZUR LEKTÜRE EINES NON-DUALISTISCHEN BUCHES

Ob du nun dieses Buch oder einen x-beliebigen Text liest; es ist im Grunde immer dasselbe: Immer erzählt dir eine wohlbekannte Stimme im Kopf dessen Inhalt. Du denkst, dass »du« diese Stimme bist, denn es ist dieselbe Stimme, die dir auch dein Leben auf Schritt und Tritt kommentiert. Es ist die Stimme des »Ichleins«. Du hast dich einst mit ihr zu identifizieren begonnen, weil sie pausenlos präsent war. Du hast dich an sie gewöhnt, wie du dich an dein Spiegelbild gewöhnt hast.

Hast du dich aber schon jemals gefragt, ob diese Stimme wirklich »du« bist? Könnte es nicht sein, dass es einfach irgendeine Stimme ist, so wie einer »deiner« Gedanken vielleicht auch nur irgendein Gedanke ist? Nein, ich spreche jetzt nicht von der »Stimme Gottes« oder der Stimme eines zweiten »höheren Ichs«. Nein, ich spreche von »niemandes« Stimme und »niemandes« Gedanke.

Stell dir einmal folgendes vor: Da taucht einfach eine Stimme auf. Punkt. Hier taucht einfach ein Gedanke auf. Punkt. Stimme und Gedanke geschehen einfach. Grundlos. Besitzerlos. Sinnlos. Wenn du dich mit dieser Vorstellung ein wenig anfreunden kannst, wirst du problemlos fähig sein, dieses Buch mit Freude zu lesen. Du liest dann kein Buch, sondern »Vorlesen geschieht«. Da ist eine Stimme, die dir das Buch vorliest. Lass sie wirken. Sie kommt direkt aus der Einheit. Sie IST Einheit. All deine Fragen werden im Lichte dieses Buches verschwinden. Am Ende bleibst nur du übrig. Dann bist du gleichzeitig die Stimme und das Buch, das vor dir liegt.

So ganz nebenbei: Das bist du übrigens auch jetzt schon, VOR der Lektüre dieses Buches, denn es ist das, was JETZT da ist. Einheit. Es hat nie etwas anderes gegeben und wird nie etwas anderes geben.

Du magst dich vielleicht jetzt fragen, was denn dieses Buch überhaupt für einen Sinn hat, ausser demjenigen, dem Autor Kohle aufs Konto zu schaufeln? Nun, gar keinen. Doch es kann passieren, dass am Ende plötzlich niemand mehr da sein wird, der diese Sinnfrage stellt, ja der überhaupt irgendeine Sinnfrage mehr stellen muss. Dann kann dieses Buch weitergegeben werden. Dann hat es seinen Zweck erfüllt.

∞

»Befreiung ist immer näher, als du denkst.«

∞

DIE SUCHE NACH DEM ENDE DER ANGST

DU DENKST DICH ZWANGSLÄUFIG VOM EINSSEIN WEG

Die spirituelle Suche ist eine der grössten Triebfedern des menschlichen Daseins. Der Gedanke »Ich bin ein unvollkommenes, vom Einssein getrenntes Wesen« beschäftigt seit Urzeiten den spirituellen Verstand des Menschen. Es war dieser eine Gedanke – ich nenne ihn hier den »Trennungsgedanken« – der einst Götter und Religionen schuf. Er führt zu philosophischen Sinnfragen und hält den Motor des spirituellen Verstandes am Laufen. Die spirituelle Suche nach Einheit lässt sich letzten Endes immer auf diesen EINEN (!) winzigen Gedanken der Trennung zurückführen, mit dem sich ein Mensch in den ersten Lebensjahren zu identifizieren beginnt. Es ist die feste Überzeugung, ein Körper zu sein. Ein von anderen Körpern getrenntes Individuum mit einem freien Willen, das sich alleine in der Welt behaupten muss. Alle sogenannten Probleme im Leben einer Person führen letztendlich immer zu diesem einen Trennungsgedanken zurück.

Du kannst dir die spirituelle Suche als ein Schachspiel mit unendlich vielen Feldern vorstellen, das mit der Taktik des menschlichen Verstandes nie gewonnen werden kann. Schachmatt ist gleichbedeutend mit dem Verschwinden dieses einen Trennungsgedankens. Was übrig bleibt, ist unpersönliche Einheit, wo nichts mehr getrennt ist voneinander. Das Problem ist: Wo nur Einheit ist, kann der spirituelle Verstand – dessen einzige Aufgabe es ist, Einheit in zwei (Dualität) und mehr Teile zu zerlegen – nichts mehr zerteilen. Es braucht ihn also im Einssein gar nicht mehr. Deshalb sucht er, um seine Existenz aufrecht zu erhalten, immer weiter etwas, das er sowieso nie finden kann. Er sucht mit grossem Aufwand die verloren geglaubte Einheit, und gleichzeitig tut er mit allen möglichen Mitteln und Techniken alles, um diese Einheit zu vermeiden, da er im Grunde genommen von dem, was er möglicherweise sehen wird, eine Todesangst hat. Er tastet sich mit obskuren Meditationspraktiken langsam immer näher an diese mysteriöse Einheit heran. Er gibt sich krampfhaft Mühe, sich an diese Stille zu gewöhnen, die er für DIE Ausprägung von Einheit hält. Er versucht, sich auf sie vorzubereiten, weil in seiner Vorstellung Einheit verschieden ist von dem, was JETZT in diesem Moment ist. Für den spirituellen Verstand muss Einheit erst erreicht, ja gar verdient werden.

»Grüss Gott, ich hätte gerne Erleuchtung.« »Macht 50 Jahre meditieren.« »Was, so teuer? Dann gehe ich lieber zum Non-Dualisten um die Ecke.«

∞

VERSUCHE NICHT, DEN VERSTAND ZU VERSTEHEN

T ja, dieser menschliche Verstand. Er ist im Grunde ja bloss eine Ansammlung von unzähligen Gedanken. Leeren Gedanken. Gewissermassen ein Ozean von Gedanken. Immer wenn ich hier den Begriff »Verstand« benutze, kannst du dir vorstellen, dass es etwas mit deinem Denken zu tun hat. Ohne Wertung, ob dieses Denken aus sogenannt »guten« oder »schlechten« Gedanken besteht.

Der Verstand ist eigentlich, bildlich gesprochen, das perfekte Messer. Sein einziger Daseinszweck ist es, Dinge zu zerteilen. Alles muss eingeteilt und in ein System eingebaut werden. Ohne den Verstand wäre das tägliche Leben gar nicht zu bewältigen. Wenn aber nun der Verstand – sagen wir ihm mal »spiritueller Verstand« – versucht, Einheit zu begreifen, scheitert er kläglich, denn er teilt sie immer sofort in zwei (Dualität) und mehr Teile.

Der Verstand ist also das falsche Instrument, um etwas über Einheit zu erfahren. Deshalb gelangen auch Philosophen mit ihrem messerscharfen Verstand immer nur in die Nähe von Einheit. Als intelligente Menschen wissen sie das natürlich, doch sie denken nun mal gerne und haben daher den richtigen Beruf gewählt.

Beim Versuch, Einheit zu realisieren, hat der spirituelle Verstand immer zumindest eine vage Vorstellung davon, wie dieser »erleuchtete Zustand« später einmal sein würde. Es gibt so viele Vorstellungen von Einheit, wie es suchende Menschen gibt. Ich treffe immer wieder Menschen, die mir sagen, sie seien für einige Momente, manchmal sogar für Tage, in »dieser Einheit« gewesen, dann aber wieder »rausgefallen«. Ich brauchte eine gewisse Zeit, um zu verstehen, was sie meinten. Meine Erklärung dafür ist die, dass sie vermutlich eine Zeitlang in einem Zustand waren, der zufälligerweise haargenau ihrer persönlichen Vorstellung von Einheit und Erleuchtung entsprach. Für das kleine, suchende »Ichlein« war in diesem Moment das persönliche Ziel erreicht, und die Suche war für eine kurze Zeit vorbei. Doch Erleuchtung ist eben bloss ein Konzept. Ein leeres Gedankengebilde des Verstandes, das grundlos aus dem aufsteigt, was du in Wahrheit bist. Aus der Einheit, dem Ozean des Seins. Es gibt keine erleuchtete Person. Wenn Erleuchtung auftaucht, taucht sie für »niemanden« auf. Erleuchtung ist gleichbedeutend mit dem Wegfallen der Person, die Erleuchtung anstrebt.

Einheit ist also kein Zustand, den »jemand«, das heisst, eine mit dem Körper identifizierte Person, erreichen, geschweige denn aufrechterhalten kann. Zustände können sich verändern, Einheit nicht. Niemand kann »in der Einheit sein«. Wasser und Wellen sind ja auch nicht im Ozean, nein, sie SIND der Ozean. Das sogenannte »Realisieren von Einheit« könnte man daher auch als Befreiung von jeglicher Art von Zustand bezeichnen. Es ist gewissermassen das Aufgehen im Zustandslosen.

∞

DIE FÜNF IRRTÜMER DER SPIRITUELLEN SUCHE

Ich möchte an dieser Stelle mit einigen Irrtümern aufräumen, die den spirituell suchenden menschlichen Verstand dazu verleiten könnten, das Glück ausserhalb von dem zu suchen, was JETZT im Moment ist:

IRRTUM NR. 1: ES GIBT EINEN SCHLÜSSEL ZUR ERLEUCHTUNG

Eine Art von Vorstellung ursachlosen Glücks, tiefen inneren Friedens und grenzenloser Freiheit geistert in den meisten Köpfen herum. Jeder Mensch strebt in irgendeiner Form danach. Die jeweilige Konditionierung bewirkt, dass ein jeder eine andere Vorstellung davon hat, was Glück, Frieden und Freiheit bedeuten und vor allem, wie sie zu erreichen seien. Unter Konditionierung verstehe ich übrigens alles, was in der dualistischen Welt der Formen jemals auf den psychobiologischen Apparat, also den menschlichen Körper mit seinem Verstand, einwirkte und ihn zu dem gemacht hat, was er jetzt in diesem Augenblick ist: Vererbung, Beziehungen (Eltern, Geschwister, nahes Umfeld), Gesellschaft, Schule,

Klima, Ort, Universum etc. Es spielt keine Rolle, was alles für einen menschlichen Körper in dieser Welt der Dualität auftaucht, denn es hat nichts mit dem wahren Selbst als Essenz zu tun. Das Sein kümmert sich nicht um Konditionierung.

Im Laufe der spirituellen Suche kann der logisch denkende menschliche Verstand zum Schluss kommen, dass er selber die Grenze zur grenzenlosen Freiheit darstellt. Er beginnt, sich mit dem Konzept anzufreunden, dass es nur die Suche nach Einheit ist, die ihn vom Einssein abhält. Diese Suche müsste also aufgegeben werden, da sie nichts bringt, denkt sich der Verstand. Doch die Suche aufzugeben, wäre für den spirituellen Verstand gleichbedeutend mit totaler Resignation. Er hat für diese Art der Suche nämlich ein Wort erfunden: Hoffnung. Ohne Suche, so glaubt der Verstand, sei alles hoffnungslos. Die Suche aufzugeben bedeutet für den spirituellen Verstand, zu sterben. Eine Vorstellung, die verständlicherweise schier unerträglich für ihn ist.

Der Schlüssel zur Realisierung von Einheit – so schlussfolgert der Verstand – wäre also logischerweise, den Suchenden und mit ihm den auf bessere

Zeiten Hoffenden sterben zu lassen. Doch das kann er nicht einfach so. Selbst wenn er wollte. Das kann niemand, auch ich nicht.

Doch nun kommt die gute Nachricht: Es braucht diesen Schlüssel gar nicht! Es spielt überhaupt keine Rolle, ob der spirituelle Verstand stirbt oder nicht, denn er selber ist ja auch genau DAS, das Eine, das Gesuchte, Einheit, in jedem Moment. Das Eine in der Rolle des suchenden und hoffenden spirituellen Verstandes, der denkt, er müsse sterben. Das Eine war immer da und wird immer da sein. Da gibt es nichts anderes. Nie. Man kann es nur nicht konservieren, behalten, horten, aufschreiben, weitergeben etc. Es IST einfach, immer, in jedem Moment. Es muss also nichts geschehen. Es ist kein Schlüssel nötig. Der Suchende und der Schlüssel SIND eins. JETZT.

∞

IRRTUM NR. 2: MAN MUSS EIN TOR ZUR ERLEUCHTUNG DURCHSCHREITEN

Der Raum in der Tasse ist derselbe wie der Raum ausserhalb der Tasse. Das scheinbare Tor zwischen den beiden ist die Tasse. Sie ist weder nötig, noch hinderlich, damit die beiden Räume eins sind.

Die irrige Vorstellung, es gäbe ein Tor, das man nur irgendwie erreichen und durchschreiten muss, um befreit zu werden, bewirkt, dass DAS, WAS IST, nicht als das EINE akzeptiert wird. Jemals ein Tor zu finden ist vollkommen hoffnungslos, denn du hast es längst gefunden und durchschritten. Es ist ein bisschen so, wie wenn du etwas Schlimmes träumen würdest, und im Traum die Hoffnung hegst, bald wieder ruhig im eigenen Bett schlafen zu können, das du aber in Wirklichkeit nie verlassen hast. Nach dem Aufwachen wird ein erleichtertes Aufatmen da sein, und vielleicht auch eine gewisse Heiterkeit über die unendliche Einfachheit des Ganzen.

∞

IRRTUM NR. 3: ES BRAUCHT EINEN FREIEN WILLEN, UM FREI ZU SEIN

Der freie Wille ist eine Illusion! Dieses Konzept, das besagt, dass niemand irgendeinen Einfluss hat auf das, was geschieht, ist für den kontrollierenden Verstand kaum zu ertragen. Gleichzeitig bedeutet aber die vollständige Akzeptanz dieses Konzeptes unendliche Freiheit.

Mit anderen Worten: Jeder Moment ist so, wie er ist, weil er nicht anders sein kann. Der Film des Lebens ist bereits abgedreht. Das, was du für deinen freien Willen hältst, ist bloss das unvermeidliche Einhalten des Drehbuches.

Alles in der scheinbaren dualen Welt der Manifestation, sagen wir mal, seit Anbeginn dieses dualen Universums, entwickelte sich gemäss den Spielregeln, also den dualen Gesetzen, ob sie nun bekannt sind oder nicht. Es sind die Spielregeln des Spiels der Dualität, die dafür sorgen, dass jeder Moment so ist wie er ist und somit vollkommen. Alles, was jemals in der scheinbaren Zeit der dualen Welt stattgefunden hat, hat dazu geführt, dass du GENAU JETZT IN DIESEM MOMENT diese Zeilen liest!

Auch deine jeweilige Reaktion auf ein Ereignis, also die Handlung des »Körper-Verstand-Komplexes«, den du als »Ich« bezeichnest, wird immer exakt gemäss der Konditionierung erfolgen, die sich über Jahrmilliarden ausgeprägt hat. Die Handlung geschieht also einfach. Erst im Nachhinein wird sie vom Verstand personifiziert. Geschehen heisst, dass die Handlung, absolut (!) gesehen, keine Ursache hat, die deiner Kontrolle unterliegt. Auch wenn dein kontrollierender Verstand dies nun liest, und aufgrund dieser Zeilen versucht, eine Handlung einzuleiten, die er als »seine« freie Handlung bezeichnet, ist dies genau das, was geschehen muss. Deshalb kann auch niemand beschliessen, zu »erwachen«, und niemand kann Erwachen lehren. Der Film des Lebens geschieht einfach, ohne Sinn, ohne Zweck. Das Drehbuch des Lebens ist geschrieben, der Film ist gedreht, alle Rollen werden von dir gespielt. Du bist die Leinwand, auf die der Film projiziert wird, du bist das Licht und du bist die Zuschauer. Ja du bist sogar das Popcorn. Es ist kein Konflikt da zwischen den Akteuren im Film, dem Licht und der Leinwand. Sie geschehen einfach. Du darfst sie sein lassen und den Film deines Lebens ablaufen lassen. Lass ihn geschehen und kümmere dich nicht darum. Er geschieht eh. Geh Tee trinken und die Katze füttern. Lebe dein Leben. Du bist frei.

∞

IRRTUM NR. 4: ES BRAUCHT SPIRITUELLE ÜBUNGEN

Der Verstand einer spirituell suchenden Person hat, wie anfangs bereits erwähnt, meistens eine gewisse Vorstellung davon, wie der »erleuchtete Zustand« einmal sein könnte. Da sind Vorstellungen dabei von Licht, Tunneln, Ekstase, Leere, Stille, Allwissenheit, Egolosigkeit, Willenlosigkeit, Wunschlosigkeit, Gedankenlosigkeit etc. Jedenfalls, und da ist sich die suchende Person ganz sicher, muss der erleuchtete Zustand verschieden sein vom jetzigen Zustand. »Verschieden« heisst, es muss irgendetwas passieren oder getan werden, damit sich der jetzige Zustand ändert. Es muss also irgendeine Veränderung geschehen beziehungsweise herbeigeführt werden.

Aufgrund dieser irrigen Annahme des spirituellen Verstandes wurden unzählige Techniken entwickelt, um diesen, notabene nur in der Vorstellung des Verstandes existierenden »erleuchtete Zustand«, herbeizuführen. Sie dürften den meisten Leserinnen und Lesern aus eigener Erfahrung bestens bekannt sein: Meditationspraktiken, Askese, göttliche Hingabe, Diäten, religiöse Praktiken, Rituale etc. Immer wird von der Voraussetzung ausgegangen, es sei jemand da, das »Ichlein«, das einen Zustand erreichen muss, der als Erleuchtung oder als Verwirklichung des wahren Selbst bezeichnet wird.

In der dualen Welt muss jede Wirkung eine Ursache haben. So geht auch der duale Verstand auf die Suche nach dem (Ursache), was die Erleuchtung (Wirkung) eines, sagen wir Buddhas, herbeigeführt hat. Was ist da naheliegender, als zu versuchen, das Leben des Erleuchteten zu analysieren und gewissermassen nachzuleben, in der Hoffnung, dass irgendeine dieser Lebensweisen dazu führen wird, selbst erleuchtet zu werden? Diese Annahme wird untermauert durch Berichte von verwirklichten Meistern in Himalaja-Klöstern, die barfuss durch den Schnee stapfen, sich von Licht ernähren und durch die Lüfte schweben können. Die Quintessenz ist, dass sich der Verstand ein Ideal eines Erleuchteten aufbaut, das er nie erreichen kann. Deshalb bleibt er bis in alle Ewigkeit mit Übungen, Ritualen und spirituellen Reinigungen beschäftigt. Sich auch nur vorzustellen, dass nichts getan werden KANN, um so etwas wie Erleuchtung herbeizuführen, ist für den spirituellen Verstand kaum zu ertragen. Zu akzeptieren, dass die bewährten Regeln der dualen Welt in diesem Spezialfall vollkommen nutzlos sind, ist für ihn unvorstellbar und beängstigend. Die Tatsache, dass nichts getan werden kann und muss, da nichts sich jemals von dem unterscheidet, was der Verstand sich unter »Erleuchtung« vorstellt, nimmt dem Verstand buchstäblich den Wind aus den Segeln, vorausgesetzt, er ist offen für diese Vorstellung.

Natürlich ist nichts Schlechtes dabei, sich mit Askese zu quälen. Es ist eben einfach das, was in der dualen Welt für diesen speziellen Körper-Verstand-Komplex, in diesem Falle »Asket« genannt, auftaucht. Es ist vollkommen.

Etwas anderes, was auftauchen kann, besonders in spirituell-esoterisch-religiösen Kreisen, ist die Identifikation mit einer Gemeinschaft, die einem ein Gefühl von Einheit vermittelt. Das gemeinsame Praktizieren von Ritualen, das Einhalten von fernöstlichen Formen der Meditation macht, besonders in der Gruppe, viel Freude. Gleichzeitig kann aber auch Angst auftauchen. »Vielleicht brauche ich diese Gemeinschaft, die ich so lieb gewonnen habe, dann gar nicht mehr, wenn ich einmal erleuchtet sein werde?«, mag sich der Verstand fragen. »Möchte ich das wirklich?« Dazu kann ich Folgendes sagen: Ob du in einer spirituellen Gesellschaft lebst oder einem Meerschweinchenzüchterverein angehörst, spielt in diesem Fall keine Rolle. Beides ist das EINE und beides macht Spass. Deine spirituelle Gemeinschaft und deine Bedenken, was »nach« der Erleuchtung geschehen wird, sind EINS. Es gibt keine Trennung. Du kannst Erleuchtung weder herbeiführen, noch vermeiden, da beides, Herbeiführen und Vermeiden, die Einladung des EINEN sind, zu sehen, dass Erleuchtung IMMER JETZT da ist. Ob du »danach« immer noch Meditation praktizieren oder Meerschweinchenzüchtervereinen angehören möchtest, hängt von der Konditionierung des Körper-Verstand-Komplexes ab, den du als »Ich« bezeichnest. Alles was geschieht, geschieht einfach. Lass es geschehen oder ändere etwas daran; es liegt eh nicht in deiner Hand.

Du bist unabhängig von Meditationsgruppen und Meerschweinchenzüchtervereinen EINS mit allem. Alles taucht in dir auf.

Was ich dir zum Thema »Übungen, um Erleuchtung zu erlangen«, noch mitgeben möchte, ist folgendes: Etwas zu üben, also eine Fertigkeit zu erlangen, ist in der dualen Welt immer mit einer gewissen Anstrengung verbunden, und sei diese noch so minim. Das Gedankenmuster das abläuft, ist folgendes: Etwas kann nur erreicht werden, wenn man sich aktiv darum bemüht, also irgendetwas tut. Es wird immer davon ausgegangen, dass jemand (das »Ichlein«) da ist, der von einem Zustand in einen anderen gelangen könne, also vom Zustand der Nicht-Erleuchtung zur Erleuchtung. Nehmen wir mal das Thema »Meditation«. Die Übung der Meditation ist ein Instrument, um den Gedankenfluss einzudämmen und den Körper-Verstand-Komplex so zu konditionieren, dass er sich mehr in Richtung Gelassenheit, Besonnenheit, Aufmerksamkeit, Bewusstheit etc. entwickelt. Dies alles sind Charakterzüge, die in dieser dualen Welt der Manifestation als »spirituell«, »heilig« und »religiös« angesehen und dementsprechend hoch geschätzt werden. Ein Heiliger darf nicht aus der Ruhe gebracht werden, denn dies passt nicht zum allgemeinen Bild eines Heiligen. Diese durch die spirituelle Übung der Meditation erreichte Konditionierung hin zu mehr Gelassenheit und Ruhe ist gewissermassen ein Nebenprodukt der Suche nach Erleuchtung, was die Meditation ja im Grunde genommen ist, auch wenn es die wenigsten Praktizierenden zugeben würden. Derjenige, der dieses Bild stark geprägt hat, ist natürlich Buddha, der Popstar des Erleuchteten, der durch eine strenge, sich selber auferlegte Meditationspraxis ging.

Einfach nur zu SEIN braucht hingegen keinerlei Anstrengung, denn es ist das Natürlichste, was es gibt. Die Frage also, was Meditation mit der ganzen Sache zu tun hat, kann auch so gestellt werden: Was hat Baguettes backen mit der ganzen Sache zu tun? Die Antwort ist: Nichts beziehungsweise alles. Erst mit der vollständigen Aufgabe der Suche und dem gleichzeitigen Verschwinden der suchenden Person hat die Anstrengung, Erleuchtung zu erreichen, ein Ende. Meditationspraktiken bleiben, oder sie werden aufgegeben. Baguettes backen bleibt, oder es wird aufgegeben. Was bleibt ist Liebe. Einheit. Und natürlich frische Baguettes...

IRRTUM NR. 5: DAS LEBEN BRAUCHT EINEN SINN

Was ist der Sinn des Lebens? Dieses ist eine der häufigsten Fragen des sinnierenden Verstandes. »Das soll alles gewesen sein?« In einem letzten Resümee versucht der Verstand dem, was gewesen ist und das er als »sein« Leben bezeichnet hat, irgendeinen Sinn zu geben. Er wird sehr leicht einen finden. Irgendeinen Sinn am Ende des Lebens zu konstruieren, sollte für ihn, der das ganze Leben darüber nachgedacht hat, ob eine Handlung sinnvoll ist oder nicht, kein Problem sein. »Sinn« heisst: Eine Handlung hat etwas bewirkt, das ich mit meinem angelernten Wertesystem als letztendlich »gut« klassieren kann.

In der dualen Welt des Verstandes ist jede Handlung im Prinzip ein Kuhhandel. Der Verstand agiert immer nach diesen Regeln. Alles muss sinnvoll sein, und falls es auf den ersten Blick keinen Sinn ergibt, gibt es bestimmt nach einigen Nachforschungen einen, zumindest auf einer »höheren« Ebene. Die Vorstellung, dass das Leben sinnlos ist und einfach geschieht, bereitet dem spirituellen Verstand grosse Mühe. Als Konzept, das heisst als Wegweiser zur

Wahrheit, kann diese Vorstellung aber äusserst hilfreich sein. Das Konzept heisst: »Es ist niemand da, dem etwas geschieht«. Es ist nur unpersönliches »Geschehen« da. Ohne Ursache und ohne Sinn. Es hat nichts mit dir als Essenz zu tun, nichts mit dem, was du wirklich bist, dem Sein. Lass das Leben sich leben! Du bist bloss der Beobachter, der Film ist abgedreht, du kannst – absolut gesehen – nichts daran ändern. Er ist vollkommen.

∞

FRAGEN UND ANTWORTEN

ICH BIN, OBWOHL ICH DENKE

»Erwachte« Menschen sprechen häufig vom ICH BIN, das der Schlüssel zu allem sei. Ich kann damit nichts anfangen. Ich kann mir das beim besten Willen nicht vorstellen.

Logisch, ich mir auch nicht. Es ist unvorstellbar. Das unpersönliche ICH BIN ist für den menschlichen Verstand eine Knacknuss, weil er es automatisch mit der Identifikation mit einem persönlichen Ich (inklusive Körper) gleichsetzt. Die Anwesenheit des unpersönlichen und immer präsenten ICH BIN wird erst dann akzeptiert, wenn dieser Identifikationsgedanke abfällt. Das ICH BIN wird dann als eine Art Grundton von unpersönlicher Existenz empfunden, der ALLES mit einschliesst. Es ist Einheit. Dieser Grundton ist auch dir bestens bekannt, da er immer gegenwärtig ist und in jedem Moment in der Symphonie des Lebens mitschwingt.

Kümmere dich also nicht um das ICH BIN. Du kannst und brauchst es nicht zu verstehen. Entspanne dich und tue, was auch immer du gerade tust. Das ICH BIN ist auch dann da.

∞

Da wir gerade von »Erwachen« und »Einheit« sprechen: Kannst du uns sagen, was eigentlich genau mit dir passiert ist? Ist überhaupt etwas passiert?

Beides. Scheinbar. Es muss anscheinend irgendetwas passiert sein, sonst gäbe es dieses Buch nicht. Andererseits steht in diesem Buch, dass nichts geschehen muss, um euch zu dem zu machen, was ihr schon seid. Paradox, nicht?

Wie bei jedem Suchenden begann auch bei mir die Suche nach dem »verloren geglaubten Paradies« in meiner frühesten Kindheit, genauer gesagt, mit dem Beginn der scheinbaren Trennung von der Einheit. Vorher gab es nur Einheit, also keine Trennung in Subjekt (Ich) und Objekt (Du). Mamas Augenpaar wurde zwar wahrgenommen, aber es war noch nicht Mama, die mich anschaute, sondern da waren einfach nur zwei Augen.

Als der Trennungsgedanke irgendwann in den ersten Lebensjahren auftauchte, tauchte mit ihm sogleich auch eine Art Sehnsucht auf. Ein Gefühl, irgendetwas Wunderbares verloren zu haben. Die unbewusste Suche nach »Einheit«, nach diesem schon einmal erlebten Frieden, begann hier.

Dass aber das Gesuchte immer noch da und gar nie weg war, wurde einfach vergessen. Das Naheliegendste, Einfachste wurde übersehen. Der spirituelle Verstand begann etwas zu suchen, was von ihm nie gefunden werden kann. Als ob ein Auge versucht, sich selber zu sehen. Ein aussichtsloser Kampf. Und doch, auch er gehört dazu. Auch er ist Teil des *leela*, des vollkommenen göttlichen Spiels, auch Leben genannt.

Die Suche nach Einheit führte mich im Laufe der Zeit auf religiöse und spirituelle Pfade, in der Annahme, diese seien besser geeignet, Einheit, Gott oder wie auch immer man es nennen mag, zu finden.

Ich begann, in meinem Verstand Konzepte anzuhäufen, die ich aus Tausenden von Seiten spiritueller Literatur zusammengetragen hatte. Diese Vorstellungen von Einheit waren wahnsinnig interessant und intellektuell logisch. Sie wurden vom Verstand geradezu verschlungen und trugen alle dazu bei, die Konditionierung meines »Körper-Verstand-Komplexes« zu ändern. Ich wurde »bewusster« und ruhiger. Aber das eigentlich Gesuchte blieb dem Verstand verborgen.

Mit der Zeit brachten die vielen Konzepte meinen Verstand beinahe um sich selber. Mein Kopf begann zu kochen vom vielen Denken. Bis plötzlich eines Tages Worte aus Transkriptionen von Satsangs und aus Büchern des sogenannten »Neo-Advaita«, die oft auch als »Non-Duality«-Literatur bezeichnet werden, in mir Resonanz erzeugten. Diese Worte rieten mir, alle Konzepte fallen zu lassen und nicht mehr zu suchen. Es einfach sein zu lassen und sich nicht mehr um »Erleuchtung«, »Erwachen« oder »Befreiung« zu kümmern. Still zu sein. Nach Hause zu gehen, Tee zu trinken und die Zeitung zu lesen.

Wow, welch eine unglaubliche Freiheit! Ich wusste tief im Innern, dass diese Worte wahr sein mussten und stellte sie seither nie mehr in Frage.

Klarheit tauchte eines Nachts auf. Ich schlief ein mit der Überzeugung, dass jede Veränderung des momentanen Zustands positiv sei, so auch die grösstmögliche Veränderung, nämlich der Tod. Ich schlief ein im Vertrauen darauf, dass dieser Tod nicht der physische Tod des Körpers bedeutet, sondern nur der Tod des »Ichleins«, also des einen winzigen Trennungsgedankens. Da geschah es, dass sich innerhalb eines Augenblicks die Gegensätze Tiefschlaf, Traum und Wachsein auflösten, und mit ihnen das Gefühl einer persönlichen Täterschaft, also einer Identifikation mit einem separaten Ich-Gedanken. Dieser Moment war vollkommen unspektakulär, da das wahre Selbst das Vertrauteste ist, was es gibt. Dieser Augenblick war mit keinen Explosionen im Gehirn verbunden, keinen leuchtenden Tunneln oder übersinnlichen Erscheinungen. Aha, so unglaublich simpel ist es also! Die Grenze zwischen Schlaf und Wachsein, zwischen Leben und Tod, zwischen Gut und Böse hörte plötzlich auf zu existieren.

Damit wir uns richtig verstehen; dies ist die sehr persönliche Geschichte des »Körper-Verstand-Komplexes« namens Oliver. Sie ist eine unter vielen. Eine winzige Welle im Ozean des Seins. Es geht hier aber nicht um körperliche oder psychische Erfahrungen einer kleinen individuellen Welle. Alles kann aus dem Sein auftauchen. Doch was auftaucht, kann auch wieder verschwinden. Irgendwann. Vielleicht. Es kann nicht festgehalten werden. Nichts kann festgehalten werden. Wahrheit, die festgehalten wird, ist keine Wahrheit mehr. Diese Erkenntnis bedeutet totale Befreiung, allerdings für »niemanden«, da nun niemand mehr da ist, der diese Erkenntnis personifizieren könnte.

Das Einzige, was immer da ist, ist ein Grundton von Existenz. Er ist gewissermassen die kleinstmögliche Ausprägung von Einheit im Körper. Alles andere sind Konzepte vom Verstand, dieser Ansammlung von Gedanken, die nichts anderes tut, als pausenlos Konzepte zu erstellen. Dieser Grundton, dieses ICH BIN, das ohne die geringste Anstrengung einfach da ist, ist der Urgrund für die Welt, die in mir erscheint. Ohne dieses ICH BIN gibt es keine Welt. Es ist der erste Gedanke, der aus dem Sein aufsteigt und eine scheinbare dualistische Welt entstehen lässt. Eine Welt, die nur eine Gedankenform ist.

Dieser Grundton war schon immer da. Er begleitete mich die ganze Zeit. Er ist das Naheliegendste, was es gibt. Er ist das Einzige, was WIRKLICH ist. Er ist Einheit. Das ICH BIN, ICH EXISTIERE ist so nahe, dass man es immer übersieht. Wie eine Brille, durch die man die ganze Zeit hindurchsieht, jedoch vergessen hat, dass man sie trägt. Es ist das Offensichtlichste, was es gibt. Es offenbart sich nur in der Abwesenheit des Verstandes, der es behalten und verstehen will. Wenn der Verstand für einen winzigen Augenblick ruhig ist, wenn er für einmal nichts einteilen und nichts analysieren möchte, dann ist es da. Danach lässt es der spirituelle Verstand in Ruhe und kümmert sich in seiner Funktion als arbeitender, organisierender Verstand um das, was gerade im täglichen Leben getan werden muss. Der »Körper-Verstand-Komplex«, der früher mit einer Person namens Oliver gleichgesetzt wurde, funktioniert perfekt weiter gemäss seiner Konditionierung durch Vererbung, Sozialisation und Lebenserfahrung. Doch es ist jetzt niemand mehr da, der involviert ist in dieses *leela*, dieses göttliche Spiel. Es wird als das erkannt, was es ist. Als Gedankenform, die wie eine Welle aus dem Ozean des Seins aufsteigt und wieder absinkt. Es ist der Tanz des Lebens.

∞

Du sagst, dass der Körper-Verstand-Komplex nach dem Erwachen genau gleich weiter funktioniert. Wie verhalten sich denn Emotionen, wenn man »erleuchtet« wurde? Verändert sich da etwas?

Deine Frage impliziert die Annahme, dass Erleuchtung ein Zustand sei, der sich von einem »unerleuchteten« Zustand unterscheidet. Erleuchtung ist aber kein Zustand, den »jemand« erreichen und behalten kann. Wenn schon, dann ist Erleuchtung der Zustand des Zustandslosen. Das heisst: Alles kann sich ändern, oder auch nicht. So auch Emotionen wie Freude, Trauer, Ärger etc. Sie sind nichts anderes als Energien im Körper. Es ist nur jetzt niemand mehr da, keine Instanz, die etwas ändern oder kontrollieren möchte. Änderungen geschehen einfach. Emotionen geschehen einfach, so wie sie schon immer einfach nur geschehen sind. Emotionen kommen und gehen, wie sie es sich seit jeher gewohnt sind. Je nach Konditionierung, also je nach Temperament und Charakter, kommen sie von Mensch zu Mensch unterschiedlich stark zum Ausdruck.

Metaphorisch gesprochen können Emotionen mit Wellen auf dem Ozean des Lebens verglichen werden. Sie kommen und gehen. Manchmal stärker, manchmal schwächer. Du bist der Ozean und die Wellen sind auch der Ozean, so hoch sie auch sein mögen.

∞

Ja, und genau die sind eben leider sehr hoch bei mir. Ich habe Phantasien und Projektionen, die im Kopf rattern, mich ablenken, mich aus dem Gleichgewicht werfen und mich schwächen. Mein Verstand dreht und dreht sich. Das stört mich sehr.

Bedenke, dass alle Phantasien und alle Auflehnung gegen diese Phantasien, einfach nur Gedanken sind. Und Gedanken sind ja im Grunde genommen

NICHTS. Leer. Sie kommen und gehen, wie Wellen im Ozean, wie Wolken am Himmel. Ob diese Gedanken nun sogenannte Phantasien oder Projektionen sind, oder ob es sich nur um den EINEN Gedanken der Identifikation mit einer getrennten Person handelt, ist im Grunde egal. Wen interessiert's? Weshalb sollte gerade diesen paar wenigen Gedanken aus den Abermillionen von Gedanken, die andauernd auftauchen und wieder verschwinden, eine solche Aufmerksamkeit geschenkt werden? Es scheint mir manchmal beinahe so etwas wie eine Sucht nach diesen paar mickrigen Gedanken zu sein, die in der persönlichen Werteskala eines Menschen als »schlimm« und »störend« bezeichnet werden.

Dem Sein (Ozean) ist es egal, ob Gedanken (Wellen) da sind oder nicht. Gedanken in Form des arbeitenden Verstandes sind im täglichen Leben ja äusserst praktisch. Vollkommene Stille, wie sie zum Beispiel während der Meditation gesucht wird, entsteht nicht durch den Wegfall von Gedanken, sondern durch den Wegfall derjenigen Person, die sich mit diesen Gedanken identifiziert. Die Gedanken selber sind nicht das Problem.

Kümmere dich also nicht um Phantasien und Projektionen. Es sind nur Gedanken. Wenn sie da sind, sind sie da. Wenn sie weg sind, sind sie weg. Ganz ohne Sinn und Zweck. Gedanken kommen, Gedanken gehen. Das, was immer bleibt, bist und warst immer nur DU. Einheit.

∞

Was empfiehlst du denn einer Person, die ein »unruhiges Bewusstsein« hat?

Mit einem »unruhigen Bewusstsein« meinst du vermutlich, dass diese Person viel denkt und träumt, und dass sie vielleicht starke »negative« Emotionen hat, wie etwa Ärger, Wut, Minderwertigkeitskomplexe, Angst, Schuldgefühle etc.? Einer solchen Person würde ich folgendes sagen:

Da du fragst, was du tun sollst, scheinst du das »unruhige Bewusstsein« loswerden zu wollen, sonst würdest du nicht fragen. Es stört dich, dass du so bist. Du möchtest anders sein. Du hältst wahrscheinlich ein »ruhiges Bewusstsein« oder eine ruhige Wesensart für irgendwie besser, vielleicht sogar spiritueller. Du denkst womöglich, dass du glücklicher wärst, wenn du weniger denken und träumen würdest, oder wenn du emotional gefasster und kontrollierter wärst. Damit verbindest du gedanklich Glück automatisch mit gewissen Bedingungen, die zuerst erfüllt sein müssen, um glücklich zu sein. Ich sage dir aber, dass unvorstellbares Glück und unendlicher Friede genau jetzt in diesem Moment da sind. Sie sind nicht verdeckt von Gedanken, sie sind auch nicht getrübt oder verschleiert, sie sind auch nicht tief irgendwo »in dir«, sondern sie sind GENAU DAS DA, WAS IST. JETZT. Nichts ist je anders.

Ein dualistisch lehrender spiritueller Lebensberater würde dir jetzt vielleicht sagen: »Du solltest meditieren, um deine Gedanken zu beruhigen. Du solltest affirmieren und dir so deine Welt gestalten, so wie du sie haben möchtest. Du solltest immer positiv denken, Liebe ausstrahlen, vergeben, fest an das Gute glauben, fest daran glauben, dass du der Schöpfer des Universums bist.«

Das ist schon in Ordnung. Vielleicht wird deine Konditionierung diese Ratschläge beherzigen, vielleicht aber auch nicht. Wenn du Freude daran hast und es dir leicht fällt, wirst du es wahrscheinlich machen. Es sind alles magische Spielereien in der dualen Welt, die dem psychobiologischen Apparat, auch Mensch genannt, vieles im Leben erleichtern. Du kannst mitspielen oder nicht. Ob du mitspielst oder nicht, liegt sowieso nicht in deiner Hand. Niemand hat einen Einfluss darauf, da der Film des Lebens bereits abgedreht ist. DAS, was du bist, bleibt immer unverändert. DAS, was du WIRKLICH bist, das Sein, das wahre Selbst, das nicht getrennt ist von dem »unruhigen Bewusstsein«, das nicht getrennt ist vom Gedanken »Ich muss etwas tun, um mein unruhiges Bewusstsein loszuwerden«, ist IMMER da.

Unvorstellbares Glück und unendlicher Friede jetzt gleich zu erleben heisst, zu akzeptieren, dass nichts getan werden muss. Dass das Geschenk, die Gnade, immer da ist. Gnade ist immer gegenwärtig. Sie ist das einzige, was ist. Sie kann von niemandem gegeben werden und du kannst dich nicht auf sie vorbereiten. Gnade ist die Einladung des Seins an sich selbst, zu akzeptieren, dass das, was jetzt in diesem und jedem Moment ist, vollkommen ist. Das gnadenlose Sein kennt keine Gnade, denn es ist die Gnade selbst.

Glück zu finden heisst gewissermassen, sich mit der Person (dem »Ichlein«), die das Glück sucht und meint, etwas tun zu müssen, um es zu finden, zu versöhnen. Die Person ist so, weil sie eben so ist, wie sie ist. Sie kann nicht anders sein. Sie IST das gesuchte Glück. Die Suche verschwindet mit der Akzeptanz dieser Tatsache. Dann wird niemanden mehr das »unruhige Bewusstsein« stören. Es erscheint als unvorstellbares Glück und unendlicher Friede, was es schon immer war.

∞

Hat denn das »Ichlein« in einer persönlichen Lebenskrise überhaupt die Kraft, sich bereitwillig in Einheit aufzulösen? Sind Widerstand und Kampf nicht aussichtslos, wenn der »Film« eh bereits abgedreht ist?

Das »Ichlein« kann noch so viel Kraft aufwenden; es kann sich nicht selber auflösen. Das Verschwinden des winzigen Gedankens »ich bin ein getrenntes Wesen«, worauf das »Ichlein« seine ganze Existenz gründet, benötigt dermassen unendlich WENIG Kraft, dass es sich der Verstand nicht einmal vorstellen kann. Wenn schon, dann wäre daher eine Lebenskrise eher hilfreich für ein sogenanntes »Loslassen«. Manche dualistisch lehrende Lehrer würden bei einer persönlichen Krise sogar von einem »Tor zur Erleuchtung« sprechen, doch diese Aussage kann leider zu Missverständnissen beim »Ichlein« führen, da es denken könnte, es müsse irgendwas tun, damit »ES« geschieht, z.B. zuerst leiden und in einer Krise sein, was aber natürlich vollkommen unnötig ist.

Dass »der Film bereits abgedreht ist« bedeutet, dass der »Körper-Verstand-Komplex« und das gedankliche »Ichlein« in der Welt der Dualität immer so handeln werden, wie sie eben handeln müssen. Wie sie seit Anbeginn des dualen Universums konditioniert sind. Daher ist jeder Moment perfekt, da er nicht anders sein kann. Jede scheinbare Aktion – die jede für sich genommen selber auch immer nur ein einzelner Moment im zeitlosen JETZT ist – ist immer eine vorherbestimmte Reaktion auf vorhergehende Momente. Ob daher Widerstand und Kampf im Film auftauchen oder nicht, hängt dementsprechend auch damit zusammen.

Doch all dies geschieht IM Sein, in der Einheit, dem wahren ICH. Dem, was du wirklich bist. Aber auch nur scheinbar, da das ja bloss ein gedankliches Konzept ist und gar nichts geschehen muss. Ihr müsst nicht geweckt werden, da ihr gar nicht schläft.

∞

Nochmals: Sind wir nun die Darsteller, der Film selbst, die Leinwand oder die Zuschauer in dem Film des Lebens?

Ihr seid sowohl alle Darsteller im Film, als auch alle Zuschauer im Kinosaal. Ihr seid die Leinwand, ihr seid der Film, der Projektor und das Licht. Ihr seid aber auch die Kinosessel. Und ihr seid die Popcorns und M&Ms. Kein Teil dieses kinematographischen Erlebnisses ist vom anderen getrennt. Erfreut euch an diesem lebendigen Kinoerlebnis, denn dazu ist es da.

∞

Ich muss nun doch wieder auf deinen Körper-Verstand-Komplex zu sprechen kommen: Wie gehst du eigentlich mit Gefühlen wie Traurigkeit und Wut um? Wie mit Problemen im Allgemeinen?

Emotionen wie Wut und Traurigkeit tauchen einfach auf, als Bestandteil der Konditionierung des »psychobiologischen Apparates«, genannt Mensch. Wut bleibt Wut. Handlungen finden statt, diese Wut irgendwie abzubauen oder zu transformieren. Traurigkeit bleibt Traurigkeit, Schmerz bleibt Schmerz. Da ist einfach Traurigkeit, da ist einfach Schmerz. Der Ozean mit noch so hohen Wellen ist immer noch der Ozean.

Noch eine dualistische Bemerkung: Es gibt natürlich auch wirkungsvolle Methoden der Gedankenschulung oder »Gehirnwäsche«, um die Konditionierung zu ändern und auf diese Weise persönliche Probleme in den Griff zu kriegen. Ich habe auch einige ausprobiert. Manche sind sehr effektiv und erleichtern die Kommunikation und das Zusammenleben von Menschen in dieser dualen Welt der Manifestation sehr. Ich denke da zum Beispiel an die Methode der »Gewaltfreien Kommunikation« von *Marshall Rosenberg*, die ich jedem sehr empfehlen kann, oder an das Monumentalwerk »Kurs in Wundern« von *Helen Schucman*. Andere Methoden, etwa Meditationspraktiken, dienen ebenfalls der Kontrolle von Körper und Gedanken. Auf das Sein haben all diese Methoden keinen Einfluss. Sie sind IM Sein. Sie sind gewissermassen eine weitere Spielerei im Spiel des Lebens.

Noch ein kleiner Abstecher zum Thema »Gewaltlosigkeit«. Diese hat absolut nichts mit Willenlosigkeit zu tun. »Wenn dir einer auf die eine Wange schlägt, halte ihm auch die andere hin«, also DIE christliche Metapher für Gewaltlosigkeit schlechthin, bedeutet, dass das, was auftaucht, willkommen geheissen und von niemandem beurteilt wird, auch wenn es gegebenenfalls eine Ohrfeige zurück an den Absender ist. Was auch immer geschieht, was auch immer für Handlungen auftauchen, ist vollkommen. Es geschieht in vollkommener urteilsloser Liebe und Einheit.

∞

Was genau ist denn vollkommenes Akzeptieren? Was passiert im Kopf/Körper? Irgendwie funkt ja der Verstand immer dazwischen, um eine gewisse Situation, Vergangenes oder Krankheit zu akzeptieren. Ich habe das Gefühl, das liegt in seiner Natur. Sobald ich mich mit etwas befasse, fängt der Verstand an zu rattern. Aber wann akzeptiert man etwas vollkommen?

Ein Stichwort, das ich dir als Gedankenspiel im Zusammenhang mit vollkommener Akzeptanz geben kann, ist »Einschliesslichkeit«. Und zwar »vollkommene Einschliesslichkeit«, ohne Ausnahme. Schliesse alles mit ein. Wenn du »Einschliesslichkeit« auf »Akzeptanz« anwendest, du also alles, was auftaucht, mit einschliesst, heisst das, dass vollkommene Akzeptanz eben nichts mit dem Akzeptieren einer Situation zu tun hat. Auch wenn dein Verstand eine Situation nicht akzeptieren kann, kann er durchaus akzeptieren, dass er die Situation nicht akzeptieren kann. Er kann aber auch akzeptieren, dass er nicht akzeptieren kann, dass er die Situation nicht akzeptieren kann. Das kannst du unendlich lange weiterspinnen, denn es ist immer eine Person da, die denkt, etwas akzeptieren zu müssen. Dein Verstand wird also nie etwas vollkommen akzeptieren können. Vollkommene Akzeptanz und somit vollkommene Einschliesslichkeit ist da, wenn die Person wegfällt, die meint, etwas akzeptieren zu müssen. Dann verschmelzen Unendlichkeit und JETZT zu Einheit.

Apropos Verstand: Wenn der Verstand sich mit etwas befasst, fängt er naturgemäss an »zu rattern«, also zu funktionieren. Das ist sein Zweck, der im Übrigen äusserst hilfreich im täglichen Leben ist. Damit kannst du, richtig eingesetzt, alles erschaffen. Doch befreien kannst du dich mit dem Verstand nicht, denn du kannst dich nicht selber wegdenken. Deshalb sage ich immer, dass du ruhig aufhören kannst, deinen armen Verstand mit dieser Art von Fragen zu martern. Entspanne dich, denn du bist genau JETZT frei (hmm, komisch, habe ich das nicht schon mal gesagt?).

Apropos Handlung: Wie kann ich mir klar werden, wann ich etwas aus richtigen Beweggründen tue. Was ist überhaupt ein richtiger Beweggrund für eine Handlung?

Absolut gesehen gibt es keine richtigen oder falschen Beweggründe einer Handlung. Entscheidungen werden gefällt, ohne dass »jemand« sie personifizieren muss. Da ist niemand, der einen Einfluss darauf haben könnte, welche Entscheidung gefällt wird. Es gibt, absolut gesehen, keinen freien Willen, so hart es für den Verstand einer sich von der Einheit getrennt fühlenden Person auch klingen mag. DER FREIE WILLE IST EINE ILLUSION. Die vollständige Akzeptanz dieses Konzeptes bedeutet totale Befreiung.

Natürlich tut sich der Verstand jeweils schwer vor einer schwierigen Entscheidung. Doch der Film des Lebens ist, wie schon gesagt, bereits abgedreht. Die »richtige« Entscheidung wird sowieso fallen, ob sich der Verstand nun schwer damit tut oder nicht. Die Entscheidung – wie auch immer sie ausfällt – ist immer vollkommen. Sie kann gar nicht anders sein.

Wertungen wie »richtig« oder »falsch«, »gut« oder »böse« lösen sich im Einssein auf.

Selbstverständlich kann der Verstand nach einer von ihm gefällten Entscheidung seine Meinung ändern und sich anders entscheiden. Er kann sich gemäss seiner Konditionierung eine logische Abfolge von Argumentationen überlegen, die ihm sozusagen im Nachhinein einen Grund geben, seine Entscheidung wieder rückgängig zu machen. Er sagt dann zum Beispiel, dass ein falscher Beweggrund hinter seiner Entscheidung stand. Er kann sich Millionen Male wieder neu entscheiden. Es sind trotzdem alles immer noch Handlungen, die einfach geschehen. Wenn der Zeitpunkt für eine Handlung da ist, dann geschieht sie, Beweggrund hin oder her.

∞

Moment mal, du sagst: Alles ist ohne Grund, ohne Sinn, es gibt nichts zu tun und nichts zu meditieren etc. Jetzt erkläre mir aber bitte, warum du, ein Karl Renz, Eckhart Tolle, Samarpan, Toni Parsons etc. Satsang geben, Bücher schreiben, ernsthafte Menschen betreuen, und warum man überhaupt die Kinder in die Schule schicken soll?

Du kannst nichts tun, was dich zu dem macht, was du schon bist. Es ist wie die Metapher mit der Brille, die du suchst, obwohl sie schon auf der Nase sitzt. Du kannst von mir aus meditieren, Bücher schreiben, Satsang geben, Kinder unterrichten oder zur Schule schicken, armen Menschen helfen, Krieg führen, beten, einen Fussballmatch schauen etc. Es ist das, was auftaucht. Es sind, wenn du so willst, Manifestationen, die scheinbar IN dem, was du wirklich bist geschehen. In der Einheit. Die Person, die Fragen stellt und denkt, sie hätte einen freien Willen, handelt IMMER vollkommen, auch wenn sie denkt, dass dies aus ihrer Sicht nicht so sei. Sie schreibt vielleicht Bücher, weil sie dafür eine Begabung oder einfach Freude am Schreiben hat. Oder weil sie denkt, sie müsse Bücher schreiben, weil das von ihr erwartet wird. Oder weil sie einen Drang verspürt, zu schreiben. Es gibt unendlich viele Einflüsse, die dazu beitragen, dass eine Person so handelt, wie sie handelt. Sie hat keinen Einfluss darauf, welche Handlungen auftauchen. Der Film ist bereits abgedreht.

Ich weiss, dieses Konzept ist zuerst einmal der blanke Horror für eine Person, die denkt, sie hätte einen freien Willen. »Aber ich kann mich doch jeden Augenblick neu entscheiden, was ich tun will? Ich kann mich ändern und so ein besserer Mensch werden?« Ja, vielleicht, vielleicht aber auch nicht. Auch das ist das Drehbuch. Das perfekte Drehbuch.

Erstaunlicherweise birgt dieses Konzept etwas unglaublich Befreiendes in sich, wenn sich eine Person einmal darauf einlässt. Die Angst des »Ichleins« vor dem Sterben ist plötzlich nicht mehr unüberwindbar. Akzeptanz, dass nichts getan werden kann, kann auftauchen, das »Ichlein« kann verschwinden. Was bleibt, ist nur noch ursachloses Glück. Das EINE. Nun braucht es keine Konzepte und Vorstellungen mehr.

∞

Aber wenn unser Leben vorbestimmt ist, heisst das, dass wir nichts tun können? Alles geschieht, wie es geschehen soll? Also alles ist gewissermassen »Gottes Plan«?

Das Leben, die Welt, das Universum geschieht einfach. ALLES geschieht einfach. Ohne Plan und ohne Ursache. Der Verstand, der denkt er sei eine separate Person mit eigenem Willen, geschieht einfach. Entscheidungen und Handlungen geschehen, ohne dass es »jemandes« Entscheidungen oder Handlungen sind. Und nach jedem »geschehen« darfst du dir ein »scheinbar« denken. Denn eigentlich geschieht gar nichts. Da ist nur Einheit. Du bist unendlich frei. Du bist die Feder im Wind. Und du bist der Wind.

∞

Wenn du sagst, dass ich keinen freien Willen habe und nichts tun kann, damit es mir besser geht, stresst mich das sehr. Ich bin ungeduldig und möchte irgendetwas tun, was die Situation ändert. Ich kann nicht einfach nur rumsitzen und warten.

Es ist völlig klar, dass dich dieser Gedanke stressen muss. Doch dieses »Du«, also die Person, die gestresst ist, ist bloss ein winzig kleiner Gedanke, der ein aufgeblähtes Gebilde namens »Ich bin ein getrenntes Individuum« aufgebaut hat und es nun mit allen Mitteln zu verteidigen sucht. Das Festhalten am Konzept eines freien Willens hält diesen Zustand verbissen aufrecht. Ein sehr anstrengendes Unterfangen.

Doch wenn ich hier mit dir so spreche, spreche ich nie mit dir als scheinbares Individuum. Dieses interessiert mich im Satsang nicht die Bohne, auch wenn dies vielleicht anfangs herzlos klingen mag. Ich spreche zu mir selber als Einheit, wenn ich mit dir spreche. Zum wahren Selbst von uns beiden. Das, was du wirklich bist, reine, lebendige Existenz muss absolut nichts tun, um einfach nur zu SEIN. Dieses »einfach nur sein« ist immer unendliche Freiheit und Glück, auch wenn sich das »Ichlein« unglücklich, unfrei oder gar depressiv fühlt.

Du fragst, was du tun kannst, weil du ungeduldig bist. Nun, was tust du denn normalerweise so? Was liegt dir? Was tust du normalerweise freiwillig gerne, ohne dass dich jemand dazu zwingen muss? Das kann irgendwas sein, z.B. lesen, essen, fernsehen, Fussball spielen, meditieren, boxen, schlafen, arbeiten, auf einem Stuhl sitzen und die Zeitung lesen, Kaffee trinken etc. Es spielt keine Rolle.

Ich schlage dir vor, wenn du irgendetwas tun möchtest, tue einfach die Sachen, die für dich keine Anstrengung bedeuten, da du sie ja sowieso gerne tust. Vergiss das Konzept des unfreien Willens, des unendlichen Glücks und der Freiheit und lebe, wie das Leben dich lebt. Das ist es. Du kannst ihm nicht entkommen.

∞

Der Gedanke, dass alles EINS ist, dass ich also vollkommen alleine bin, ängstigt mich eher, als dass er mich erfreut. Ich fühle mich dann so einsam.

Das ist so, weil dieser Gedanke automatisch »Alleinsein« mit »Einsamkeit« gleichsetzt. Absolut alleine zu sein heisst nicht, einsam zu sein. Nur ein getrenntes Ich, also eines, das sich ohne andere getrennte Ichs gar nicht vorstellen kann, kommt auf die

Idee, dass eine Welt ohne andere Ichs einsam sein könnte.

In der absoluten Einheit wird Leere nicht als Einsamkeit, sondern als Verschmelzung mit ALLEM empfunden, was ungefähr mit den Worten Freiheit, Friede, Glück und Liebe beschrieben werden kann. Da diese Empfindung unpersönlich ist, braucht es auch keine Anderen die einem Freiheit, Friede, Glück und Liebe bescheren müssen. Die Anderen sind ja auch Einheit.

∞

Im Satsang hört man oft folgende Antworten, wenn ein Suchender eine Frage stellt: »Wem erscheint dies so?« Oder: »Ist da niemand, der dies verstehen kann?« Ich verstehe nicht, was damit gemeint sein soll. Ist das auf die scheinbare Person bezogen oder auf das Bewusstsein, also das Sein?

Grundsätzlich geht es im Satsang immer um dieselbe Gegenfrage: »Wer ist es, der Fragen stellt?« Die

Erforschung dieser Gegenfrage durch den Verstand der Person, die Fragen im Satsang stellt, führt zu einer Art Endlosschlaufe. Die Antwort kann von der fragenden Person nie gefunden werden, da mit dem Auftauchen der Antwort gleichzeitig diese Person wegfällt. Dann gibt es keine Person mehr, die eine Antwort möchte. Dann ist niemand mehr da, der die Antwort »behalten« und »konservieren« kann. Die letztendliche Erkenntnis hat am Schluss also niemand, da Erkenntnis in diesem Falle bedeutet, dass da nur DAS ist, das Eine, das Sein, und dass es im Sein kein »Entweder..., oder...« gibt, also auch keine Fragen und Antworten.

Das heisst aber nicht, dass sich der Fragende nun den Kopf darüber zerbrechen soll, wer jetzt dieses »Ich« ist, welches die Fragen stellt. Es ist unnötig. Da ist nur Einheit. Das Ich, das Fragen stellt, ist Einheit, die als Ich, das Fragen stellt, erscheint. Es muss also nichts getan werden. Befreiung ist JETZT da. Du kannst dich entspannen und »es« geschehen lassen. Denn es ist ja bereits geschehen.

∞

*Bitte gehe nochmal auf die Wahrheit »mit dem Auf-
tauchen der Antwort fällt die Identifikation weg« ein.
Wie kann das identifizierte »Ichlein« am schnellsten
verschwinden, damit die Antwort auftaucht? Wie lässt
das »Ichlein« vertrauensvoll von sich aus los? Ist es die
Angst vor dem Sterben? Muss es freiwillig absterben?
Bitte gib uns eine Metapher.*

Entspann dich! Take it easy! Du musst und du
kannst nichts tun. Du musst nicht loslassen und
nicht sterben, ja nicht einmal entspannt sein (klingt
wieder mal paradox). Es muss nichts geändert werden, da die Antwort schon da ist. Es ist nur die Suche nach der Antwort, die dich davon abhält, sie zu
erkennen.

Hier noch ein dualistisches Betthupferl für dich
(Achtung, an alle Hardcore-Non-Dualisten: Gebt
mich noch nicht auf! Macht einfach Augen und Oh-
ren zu!):

Also, du kannst versuchen, ein Gefühl in deinen
Körper zu holen, das du unbewusst noch gut kennst.
Dieses Gefühl ist eine Erinnerung an die Zeit, als du

noch als Baby in der Wiege lagst. Eine Art unbedingtes Urvertrauen, dass alles, was ist, vollkommen ist, so auch die konditionierten Handlungen und Gewohnheiten »deines« Körpers, wie unspirituell und lästig sie auch immer sein mögen (Hunger, Bauchweh, Scheissen...). Beginne damit, dich mit der Vorstellung anzufreunden, dass der freie Wille, absolut gesehen, eine Illusion ist. Dass das, was du für dich hältst, das »Ichlein«, bloss eine Feder im Wind ist, eine Welle im Ozean, eine Lilie auf dem Felde (wie du siehst haben schon ganz andere Kaliber ergebnislos versucht, dies zu erklären). Viel Glück!

∞

Es gibt Zeiten, da bin ich traurig. Kannst du mir sagen, was echter Trost ist?

Echter Trost ist, wie übrigens auch wahre Heilung, nur in der zeitlosen Präsenz des Seins möglich. Dort, wo Trennung und somit Leid nicht existieren, werden sowohl der Leidende, der Trost sucht, als auch der Tröstende – der ja auch leidet und daher Trost spenden möchte, um so das Leid des andern zu mildern – als eins erkannt. Dann ist keine Trennung mehr da zwischen der leidenden und der tröstenden Person. Leid und Trost werden – von »niemandem« – als das Eine erkannt, das in der Dualität dieser Welt als zwei erscheint.

∞

Auf wen bezieht sich die Vorstellung des Todes?

Die Vorstellung des Todes bezieht sich auf die getrennte Person, die denkt, sie sei geboren worden und werde sterben. Spricht man vom wahren Selbst, gibt es nichts, was je geboren wurde oder sterben wird. Geburt und Tod sind Illusionen, gedankliche Konzepte, die von der mit einem Körper identifizierten Person aufgebaut wurden. Verschwindet der Gedanke an eine getrennte Person, verschwindet sogleich die Vorstellung von Geburt und Tod. Geburt, Tod und Wiedergeburt – ob im Himmel, auf Erden, in der Hölle oder wo auch immer – werden als das Eine erkannt, welches das Spiel des Lebens spielt.

GEDANKENKARUSSELLS UND PHILOSOPHI-
SCHE SPITZFINDIGKEITEN

Du sagst, dass alles eins ist. Ein Baum ist somit auch
nichts anderes als das EINE, das als Baum erscheint,
oder? Wie aber ist es möglich, dass das unmanifeste,
eigenschaftslose, unbegrenzte EINE als Baum (maya) im
Bewusstsein erscheint?

Dass der Baum das EINE ist, welches als Baum
erscheint, ist natürlich nur ein gedankliches Konzept,
damit sich der Verstand überhaupt etwas unter dem
Ganzen vorstellen kann. Es ist bloss eine Art geistige
Übung für das Gehirn. So wie *maya* (die Scheinwelt)
oder *leela* (das göttliche Spiel) auch nur Konzepte
sind. Da ist in Wahrheit kein Baum. Nichts geschieht je. Der Verstand kann sich Einheit nicht
vorstellen, da er selber Einheit ist. So wie ein Auge
sich nicht selber sehen kann. Am Schluss muss also
wohl oder übel jedes Konzept aufgegeben werden, da
es nie zur Wahrheit führen wird. Befreiung bedeutet
Befreiung von gedanklichen Konzepten von Befreiung.

Der Zweck jeder spirituellen Übung – worunter auch Meditationspraktiken gehören – ist im Grunde nur der, die Person, die befreit werden möchte, dermassen zu zermürben, dass sie das Handtuch wirft und die Übung aufgibt. Dass dies allerdings geschieht, kann niemand erzwingen. Es ist aber auch vollkommen unnötig, da auch die Person, die die Übung aufgeben soll, auch das EINE ist. Es muss also gar nichts geschehen.

Deshalb wiederhole ich immer und immer wieder mein Mantra: Entspanne dich und tue das, was du gerade sowieso tust. Es ist ALLES in diesem und in jedem Augenblick DAS EINE, das Gesuchte. Alles, was du mit deinen Sinnen erfassen kannst, kannst du zu deinem Altar, deinem Guru[2] machen. Alles ist die Einladung des Einen an dich, zu akzeptieren, dass nichts getan werden kann und muss.

---

[2] Ein Guru muss nicht zwangsläufig ein Mensch sein. Was einzig und alleine zählt, ist seine Funktion als Überbringer des Lichts in die Dunkelheit. Im Falle des Fährmannes Vasudeva in Hermann Hesses »Siddharta« zum Beispiel übernahm der Fluss die Rolle des Gurus.

Kannst du den Begriff »Phänomen« erklären? Letztlich ist ein Baum ja nichts anderes als Bewusstsein, das uns als Baum erscheint, oder?

Meine Konditionierung ist so beschaffen, dass ich das Einfache dem Komplizierten vorziehe, da ja das Eine sozusagen unendlich einfach ist und sich sowieso nicht in Worte fassen lässt. Deshalb schlage ich dir vor, nicht neue Begriffe einzuführen, sondern ich möchte dir die METAPHER VOM OZEAN schmackhaft machen:

Stell dir vor, es gäbe nur den Ozean (das Eine, das Sein, das Bewusstsein, das Gewahrsein, das wahre Selbst, Gott). Die Natur des Ozeans (das göttliche Spiel des Getrenntseins) ist es, Wellen zu bilden (Manifestation, Phänomene). Stell dir nun vor, dass unser Metapher-Ozean aus unendlich vielen Gedanken besteht. Somit sind seine Wellen, die ja nie getrennt von ihm sind, auch bloss Gedanken. Leere Gedanken. Nichts. Einen Baum und überhaupt alle Phänomene kannst du dir somit als Gedankenformen vorstellen, die aus dem Ozean des Seins aufsteigen und wieder absinken. Der Ozean kümmert sich nicht um die Wellen, auch dann nicht, wenn eine unter

Abermillionen von Wellen (die identifizierte Person, der Trennungsgedanke) plötzlich meint, sie sei getrennt von ihm. Der Ozean, und logischerweise mit ihm die identifizierte Person, ist, wie eh und je, immer noch das Eine.

∞

Wer identifiziert sich eigentlich mit einer Person? Das Bewusstsein oder der Verstand?

Was genau soll da der Unterschied sein? Du kannst, wenn du möchtest, das Gedankenspiel vom Ozean weiterspinnen und dir den Verstand oder das Bewusstsein als eine Ansammlung von unendlich vielen Gedanken vorstellen, die wie Wellen aus dem Meer des Seins auftauchen. Statt »auftauchen« kannst du auch »geschehen« denken. Gedanken und somit der Verstand geschehen. Einer dieser Gedanken ist der Trennungsgedanke, der eine identifizierte Person (das »Ichlein«) erschafft, obwohl es natürlich keinen Gedanken gibt, der getrennt vom Sein ist. Es identifiziert sich also gewissermassen »niemand« mit einer Person. Man kann sagen: Identifikation taucht auf...

und verschwindet wieder. Oder auch nicht. Wen kümmert's?

Damit das hier nochmals gesagt sei: Das hier sind alles bloss gedankliche Konzepte für den fragenden Verstand, dessen Eigenschaft es ist, Fragen zu stellen, da es ihm sonst langweilig wird. In Wahrheit taucht nichts auf und nichts geschieht. Lineare Raum- und Zeitvorstellungen lösen sich im ewigen Sein vollkommen auf.

∞

Ist Leere das eigentliche Wesen von Form?

Falls sich der Verstand unter dem Wort »Leere« (oder »Stille«) nichts vorstellen kann, liegen wir mit dieser Formulierung recht gut. Jedes Wort, unter dem sich der Verstand nichts vorstellt, ist im Grunde dazu geeignet, das »eigentliche Wesen von Form« zu beschreiben. Der Verstand schenkt dann dem »eigentlichen Wesen von Form« keine Beachtung mehr und die Fragen dazu verschwinden.

Ich möchte das »eigentliche Wesen von Form« folgendermassen zusammenfassen: Form entspringt dem EINEN, Form entschwindet in dem EINEN, Form IST das EINE. Form ist Leere.

∞

Ist Liebe das Bindeglied zwischen Form (Fülle) und Leere?

Liebe ist tiefes unpersönliches Wissen, dass es zwischen Form (Fülle) und Leere kein Bindeglied braucht.

∞

Was ist eine Erscheinung im Bewusstsein?

Stell dir vor, dass da einfach nur Erscheinungen sind, aber niemand da ist, dem sie erscheinen. Sie gehören niemandem. Es sind nicht »meine« oder »deine« Erscheinungen, sondern die Erscheinungen geschehen einfach. Ohne Grund. Ohne Sinn. Ohne Schöpfer. Einfach so. Das können Gedanken sein, Gegenstände, Menschen, Energiewesen oder sonst was. Stell dir vor, da ist gar keine Erscheinung IM Bewusstsein, sondern das Bewusstsein selbst ist die Erscheinung. Es spielt das Spiel »Erscheinen und Verschwinden« mit der fragenden Person. Dabei ist die Person selber die Erscheinung, die aus dir, dem Sein, auftaucht und wieder verschwindet. Zeit- und raumlos.

∞

Was genau ist eigentlich der Unterschied zwischen »Erwachen« und »Befreiung«? Ich habe festgestellt, dass selbst konsequente Non-Dualisten diese beiden Begriffe verwenden.

Nun, eigentlich gehört dieses Thema ja ins Kapitel »Erleuchtung für Fortgeschrittene«. Wir verwenden diese beiden Begriffe manchmal als kleine Hilfestellung für eben »erwachte« Menschen, damit diese das Durcheinander im Körper-Geist-Komplex (Wellen im Ozean) ein wenig in den Griff kriegen.

Man könnte sagen, dass sogenanntes »Erwachen« ein Ereignis ist, das in einem einzigen Augenblick geschieht, der sehr genau zeitlich eingeordnet werden kann. Es ist die plötzliche, unpersönliche Erkenntnis, dass da zwei »Ich's« sind; das persönliche »Ichlein« (Identifikation) und das unpersönliche »ICH« (Einheit). Es ist ein sehr erhabener Zustand unendlicher Weisheit, wo keine spirituellen Fragen mehr existieren und wo der Körper nicht mehr gebraucht wird. Solange aber das »Ichlein«, das ja dieses »Erwachen« hautnah miterlebt, in dem erwachten Zustand bleiben und ihn behalten möchte, ist es gefangen in etwas, was man als »Weisheits-Gefängnis« bezeichnen könnte.

Wahre Freiheit aber bedeutet Befreiung von jedweder Art von Zustand. Befreiung tritt erst mit dem Verschwinden der Person ein, die im Zustand des Erwachens weilen will. Dieser Vorgang kann im wirklichen Leben einige Zeit in Anspruch nehmen. *Nisargadatta Maharaj* zum Beispiel hat sich nach seinem Erwachen erst auf den Weg in Richtung Himalaya gemacht, bevor während dieser Reise wahre Befreiung geschah und er daraufhin zu seiner Familie und seinem Laden zurückkehrte. Der Erwachte bricht dabei, bildlich gesprochen, aus dem »Weisheits-Gefängnis« (männliches Prinzip) aus und löst sich im »Ozean der Liebe« (weibliches Prinzip) auf. Er stürzt sich, wie der Engel aus dem Hollywoodfilm »City of Angels«, wieder zurück in die duale Welt und geht darin auf. Nach diesem Vorgang des Verschmelzens beider Pole zu Einheit kann nicht mehr von einer erwachten Person im eigentlichen Sinne gesprochen werden, sondern nur noch von unpersönlicher Freiheit. Dann ist alles, wie es vorher war. Deshalb auch die Aussage im Zen-Buddhismus: »Vor der Erleuchtung Holz hacken und Wasser holen. Nach der Erleuchtung Holz hacken und Wasser holen.«

∞

Was würdest du sagen, wann ist deines Erachtens bei Ramana Maharshi die Ich-Identifikation »gestorben«? Unmittelbar mit dem Erleben seiner persönlichen Todes-Simulation, oder in den Jahren des Rückzuges und der Versenkung?

In dem Augenblick der »Todes-Simulation« erwachte der junge *Ramana Maharshi* aus dem Traum des Getrenntseins. Die Ich-Identifikation wurde als das erkannt, was sie ist. Was danach kam ist der Weg des konditionierten »Körper-Verstand-Komplexes«, der sich zum heiligen Berg Arunachala in Südindien begab, zu dem sich *Ramana Maharshi* zeitlebens hingezogen fühlte. Seine Konditionierung wählte den Rückzug und die Versenkung und nahm in der Berghöhle sogar den Tod des physischen Körpers in Kauf, welcher dann aber von beherzten Anwohnern im letzten Augenblick verhindert wurde. Später fand *Ramana Maharshi* wieder den Weg zurück in eine Art von »Normalität«.

∞

Ist Erleuchtung, wenn Bewusstsein sich selbst bewusst ist?

Wenn ein Lehrer dualistisch lehrt, wird er es wahrscheinlich so definieren. Non-dualistisch gesehen macht diese Definition allerdings keinen Sinn. Daher bevorzuge ich die Definition, dass Erleuchtung da ist, wenn »niemand« (also keine Person) mehr da ist, die Erleuchtung erfahren beziehungsweise sich mit dem »Zustand Erleuchtung« identifizieren könnte. Das ist übrigens auch der Grund, weshalb kein Meister einem Schüler auf dessen Nachfrage hin bestätigen würde, dass dieser nun erleuchtet sei. Erleuchtung braucht keine Bestätigung, weil niemand mehr da ist, der sich fragt, ob er nun erleuchtet sei oder nicht.

∞

Ist wirklich »niemand« mehr da? Ist es nicht so, dass, wenn der »Ich-Gedanke« erloschen ist, DAS da ist, was ICH BIN? Präsenz, also der »Raum«, in dem Mensch und Welt erscheinen?

Das «ICH BIN« oder »Präsenz« oder »Einheit« ist vollkommen unpersönlich. »Niemand mehr da« heisst, dass keine Person im eigentlichen Sinne mehr da ist, also niemand mehr, der sich mit irgendetwas identifiziert, also auch nicht mit Präsenz oder Einheit. Ich kann also nicht sagen: »ICH bin reine Präsenz«, oder Einheit, Licht, Leere, Fülle oder wie im-

mer du das nennen willst, sondern – wenn schon –
»da ist nur reine Präsenz«.

∞

Wie würdest du den Zustand des »Plötzlichen-Be-
wusstwerdens-des-Einfach-Seienden« mit deinen Worten
treffend beschreiben? Der Begriff »Erleuchtung« ist sehr
irreführend für einen Neu-Sucher. Dasselbe ist es mit
dem Begriff »Erwachen«. Ist »Wissendes-Weiterschla-
fen« oder »Sehendes-Blindsein« zutreffender?

Ich kann dir versichern, dass auch für einen ge-
standenen Alt-Sucher der Begriff »Erleuchtung« sehr
irreführend sein kann! Damit ein enthusiastischer
Neu-Sucher aber zu keinem frustrierten Alt-Sucher
wird, lege ich ihm nahe, folgende Worte zu beherzigen:

Es gibt keinen Zustand im eigentlichen Sinne.
Vergiss dieses Wort. Es muss NICHTS geändert
werden, da JETZT alles vollkommen ist. Also höre
gleich wieder mit dem Suchen auf und gehe ins Kino.

Das, was du suchst, ist JETZT da und es kann nie gefunden werden, da der Sucher und das Gesuchte dasselbe sind. Ich würde dem, was du suchst, »Existenz« sagen. Lebendig sein. Eine Art unpersönlicher Grundton von Existenz, der ALLES umfasst. Der Witz ist nun, dass dieser Grundton von Existenz auch genau JETZT bei dir da ist. Du willst ihn einfach nicht wahrhaben und dein Verstand versucht, ihn zu finden und zu erklären. Das ist vollkommen UNNÖTIG. Nichts muss getan werden.

Hier noch ein weiteres dualistisches Betthupferl für dich (sorry, leider wieder nichts für Hardcore-Non-Dualisten):

Wenn du glaubst, unbedingt etwas tun zu müssen, trage einfach immer ein Gefühl in dir, wie es wäre, wenn du das, was du suchst, schon gefunden hättest.

∞

Du sagst: Alles ist EINS. Aber ICH kann doch kein Objekt sein?

Wenn ich meinem Konzept gemäss sage, dass AL-LES EINS ist, ist logischerweise auch ICH EINS. Ob du dir »ICH« als ein Objekt vorstellst oder als was auch immer ist vollkommen irrelevant in diesem Zusammenhang. Auch deine Vorstellung von einem ICH ist EINS.

∞

Kannst du bitte die folgende Frage mit deinen Worten interpretieren: »Gibt es ein Leben nach dem Tod? Gibt es erst nach dem Tod ein wahres Leben?«

Wer ist es, der diese Frage stellt? Es ist der eine Gedanke: »Ich bin ein von anderen Körpern getrennter Körper in einer Welt von linearer Zeit und Raum.« Es ist, metaphorisch gesprochen, die Welle, die sich von anderen Wellen und vom Ozean getrennt fühlt. Wenn dieser Gedanke und mit ihm das

Gefühl des Getrenntseins stirbt, verschwinden auch Raum, Zeit, Leben und Tod.

Durch den Tod des Trennungsgedankens, also das, was früher mit »Ich« gleichgesetzt wurde, bleibt ein Grundton von Existenz. Dieser Grundton kann mit »Einheit« oder »Sein« beschrieben werden. Doch er ist vollkommen unpersönlich. Deshalb verwirrt auch meine Aussage den analytischen Verstand, nämlich, dass niemand da ist, der irgendetwas tut beziehungsweise dem irgendetwas geschieht. In der Einheit taucht der Zyklus Leben-Tod auf, so wie alles einfach auftaucht und wieder verschwindet.

Die Vorstellungen von »Leben«, »Tod«, »Leben nach dem Tod«, »Wiedergeburt« oder was auch immer sind also im Grunde bloss gedankliche Konzepte des getrennten »Ichleins«. Es möchte irgendwann dort ankommen, wo es kein Leid mehr gibt: zum Beispiel im Himmel, im Paradies, im Nirwana oder in der Ewigkeit. Dass aber dieser Himmel bereits JETZT da ist, kann es nie erfahren, auch wenn es Millionen Male wiedergeboren wird. Der Himmel ist nicht von »jemandem« erfahrbar. Er IST einfach, und zwar immer JETZT.

Oliver, wer von uns zweien ist Gott?

Dem Konzept gemäss, wonach alles EINS ist (das Sein, der Ozean, Einheit, Gott) sind wir beide EINS und somit EINS mit Gott, so wie Wellen EINS mit dem Ozean sind, auch wenn eine Welle denkt, sie sei getrennt von den anderen Wellen und vom Ozean. Alles, was in dieser Welt der Dualität geschieht, ist eine Illusion, die scheinbar IN Gott, dem zeit- und raumlosen Non-Dualen, geschieht und der das kleine identifizierte »Ichlein« verfallen ist.

So, das war jetzt ein spirituell-philosophisches Konzept für deinen Verstand. Er kann es glauben oder nicht: es spielt keine Rolle, da es hier nicht um Glauben oder Nichtglauben geht. Die Welle kann so viel glauben wie sie will: sie ist trotzdem frei und eins mit dem Ozean.

∞

Du kannst nicht Gott sein. Sonst wäre sich ja das Bewusstsein nicht selbst gewahr, wenn Bewusstseinsin-

halte wie das psychomentale Wesen »Oliver« eigenstän-
dig wären, oder?

Ich lege dir von Herzen nahe, meine Worte einfach auf dich einwirken zu lassen. Falls dir das nicht genügen sollte, findest du vielleicht Erfüllung bei anderen »Konzepte-Anbietern«. Es geht hier einzig und allein darum, dass Erleuchtung nicht gesucht werden muss und dass du jetzt genau in diesem Moment bereits frei bist. Du hast die Brille auf, die du suchst.

Aber glaube mir, wenn ich sage, dass ich den Hunger deines Verstandes nach »Wahrheit«, die man festhalten kann, verstehe. Mir ging es einst genauso. Doch irgendwann einmal wirst du diesen Hunger einfach sein lassen, um dann plötzlich im Schlaraffenland aufzuwachen, das du paradoxerweise nie verlassen hast.

Du willst frei sein? Dann schaue nicht auf den völlig belanglosen Finger des Meisters, wenn er dir den Mond zeigt. Lass die Versuche, den Finger (Dualismus) mit Hilfe von gedanklichen Konzepten mit

dem Mond (Non-Dualismus) in eine logische Verbindung zu bringen. Es ist weder möglich, noch
notwendig. Habe Vertrauen und schaue auf den
Mond. Dann wird automatisch Klarheit da sein.

∞

*Wo ist in diesem ganzen Komplex eigentlich die
Seele einzuordnen? Was ist sie? Formt sie sich aus dem
»Sein« und teilt sie sich durch das »Ich« mit? Wie
übermittelt sie sich, wenn der Bote »Ich« nicht mehr da
ist?*

Der Begriff der Seele, den ich, wie du vielleicht
bemerkt hast, nie gebrauche, wird sehr uneinheitlich
verwendet und je nach Religion beziehungsweise
spiritueller Tradition ausserordentlich vielseitig interpretiert. Man kennt die Seele bei uns als eine Art
»feinstoffliche Persönlichkeit«, die den Körper über-
dauert und je nach spiritueller Vorstellung wiedergeboren wird oder nicht. Sie impliziert eine Person,
einen Charakter, ist also gewissermassen der Wunsch
des »Ichleins« nach Unsterblichkeit. Du kannst sie

dir, wenn du möchtest, einfach als eine Gedanken-form vorstellen.

In meinem Bild vom Ozean der Einheit taucht die Seele, wie überhaupt alle (Gedanken-)Formen der scheinbaren Welt der Dualität, wie eine Welle auf und ab. Sie ist, wie alles, nie getrennt vom Ozean. Sie erscheint, genauso wie die gedanklichen Konzepte Leben, Tod und Wiedergeburt, IN dir, dem Sein, dem Ozean. Wenn der Bote »Ich«, also die getrennte Person, nicht mehr da ist, wenn also nur noch Einheit ist, verschwindet zusammen mit ihr das gedankliche Konstrukt einer feinstofflichen Individualität. Die Welle darf Welle sein, ohne dass es »jemanden« kümmert. Körper und Seele dürfen einfach nur SEIN, wie sie es schon immer waren. Was bleibt, ist das, was ebenfalls schon immer war. Einheit.

∞

Erfährst du auch im Tiefschlaf deine wahre Identi-tät, weil dann dein Bewusstsein nicht mehr objektbezo-gen ist?

Da ist niemand, der seine wahre Identität erfährt, weder im Tiefschlaf, noch im Wachsein. Es gibt keinen »Erfahrenden« der wahren Identität, weil jeder Erfahrende diese Identität IST (Subjekt = Objekt). So wie im Tiefschlaf die persönliche Identität weg ist (im Tiefschlaf existierst du nicht), ist sie es nun auch im Wachsein. Während also nachts »niemand«, also keine Person, schläft, wacht am Morgen »niemand« auf.

∞

Aber ist nicht gerade DAS ein Beweis, dass du als »Niemand« da sein musst, sonst könntest du mir ja gar nicht antworten? Auch das Sprechen, das Schreiben, das Reden und das Aufwachen morgens sind doch alles Bewusstseinsfunktionen, was denn sonst?

Du versuchst hier, zwei Ebenen zu mischen, und zwar die duale Ebene dieses scheinbaren Universums mit der non-dualen Ebene, auf die ich immer hinweise. Es ist nicht notwendig, erst »verschiedene Stufen« der dualen Ebene zu verstehen, bevor du zur nondualen »aufsteigen« kannst. Es ist vollkommen egal, ob die Stelle zwischen den Gliedern des Fingers des Meisters, der auf den Mond zeigt, behaart ist oder nicht. Das hat nichts mit dem Mond zu tun.

Du kannst dir gerne vorstellen, dass da Einheit ist, die scheinbar als ein »Niemand« erscheint. Du kannst für »Niemand« jedes x-beliebige Wort einsetzen, das dir dabei hilft, die Vorstellung von Objekt und Subjekt, von Ursache und Wirkung der dualen Welt der Illusionen, fallenzulassen. Dein Verstand klammert sich an diesen »Niemand«, weil es für ihn logischerweise nicht fassbar ist, dass meinem Konzept gemäss scheinbar einfach Formen aus der Einheit auftauchen, die selber auch Einheit sind. Grundlos. Zwecklos. Ursachlos. Der Verstand kann über Einheit nicht debattieren, sie nicht beweisen, da er nur teilen kann, was aber von der Einheit weg in die Zweiheit (Dualität) führt. Es ist wie die Singularität vor dem Urknall. Sie kann den Verstand um sich selber bringen, wenn er versucht, sie zu begreifen.

Doch es ist gar nicht notwendig, dass der Verstand begreift, damit Befreiung da ist. Das sogenannte »Verstehen«, das du suchst, ist da, sobald der Verstand aufgibt. Damit verschwindest aber gleichzeitig du, sprich, die philosophierende, identifizierte Person, das »Ichlein«, der Trennungsgedanke, der die Fragen stellt. Was übrig bleibt, wird je nach Konzept zum Beispiel als »Niemand«, »Einheit«, »Stille«, »Sein«, »Selbst« oder »Alles« bezeichnet. Es gibt keinen Begriff dafür, den der analytische Verstand akzeptieren würde. Er wird jeden Begriff immer in Beziehung zu anderen Begriffen setzen wollen, was von der Einheit wegführt.

Finde also heraus, WER es ist, der diese Fragen stellt. Ja genau, dies ist seit *Ramana Maharshi* DIE berühmte Satsang-Frage. Oder einfacher: Lass es geschehen, dass derjenige, der diese Fragen stellt, verschwindet.

Kommentar einer Leserin:

»Du musst den Lehrer nicht verstehen, sondern mit Hilfe seines Unterrichts dein Verstehen-WOLLEN von deinem persönlichen WOLLEN befreien. Erst dann kommt das Verstehen zu dir, und zwar nackt und stumm. ALLES versteht sich dann von selbst. Dich braucht es dazu nicht mehr. Früher hätte ich diese Freiheit auch nicht für möglich gehalten, aber Olivers Satsang räumt dir alles aus dem Weg. Da hast du gar keine andere Wahl, als frei zu sein.«

∞

ICH BIN … WAS BIN ICH EIGENTLICH?

Wie machst du das eigentlich, so ganz ohne Körper?

Wie du siehst, ist da ein Körper. Doch er gehört niemandem. Er geschieht einfach. Er taucht auf, so wie alles in der Welt der Manifestation einfach auftaucht. »Ich« mache nichts. Man könnte sagen, dass Handlungen stattfinden. Das war übrigens schon immer so. Bei dir finden auch bloss Handlungen statt. Das »Ichlein« einer suchenden Person ist leider immer ein bisschen überheblich, was die vermeintliche Steuerung von Handlungen betrifft. Ähnlich wie ein Kind, das hinter dem Steuer eines Autos auf dem Karussell sitzt und denkt, es hätte die volle Kontrolle über sein Fahrzeug.

∞

Was siehst du, wenn du in den Spiegel schaust?

Da taucht dasselbe wohlbekannte Gesicht wie jeden Morgen auf. Doch es gehört niemandem mehr.

Es besteht kein Unterschied mehr zwischen dem Gesicht im Spiegel und dem Spiegel selber.

In der Manifestation, dieser scheinbaren Welt, die aus dir – dem Sein – auftaucht, können sich Dinge ändern oder nicht. Es spielt aber keine Rolle, was sich scheinbar ändert. So wie es dem Ozean egal ist, was für Formen seine Wellen annehmen. Wasser bleibt Wasser, Einheit bleibt Einheit.

∞

Wer erwacht bei dir morgens früh, und wo bist du im Tiefschlaf?

Meine Definition von Tiefschlaf ist, dass im Tiefschlaf keine Person vorhanden ist. Also niemand, der über sich selber nachdenkt und eine Identifikation mit einer Person aufrechterhält. Mit anderen Worten: du kannst also im Tiefschlaf nirgendwo sein, denn es gibt dich dann gar nicht. Wenn du am Morgen erwachst, erwacht »mit dir« die Person, also das »Ichlein«, für das du dich hältst. Wenn aber keine

Identifikation mit einer Person mehr da ist, dann ist, so könnte man sagen, einfach unpersönliches Erwachen da. Es erwacht also »niemand« am Morgen. Die Grenze zwischen Tiefschlaf und Wachsein hat sich aufgelöst.

∞

Du sagst: »Die suchende Person verschwindet. Was bleibt, ist Einheit. Es ist DAS, was du bist und immer warst.« Ist das gleichbedeutend wie: Ich bin kein Mensch?

Das »göttliche Spiel«, die illusionäre Manifestation des Mensch-Seins, taucht, wenn du so willst, aus dem Sein auf. Das, was du wirklich bist, das EINE, ist der Grundton der ewigen Symphonie des Lebens. Der Mensch und somit auch die Ausprägung des Körper-Verstand-Komplexes »Oliver« ist darin eine unter vielen Melodien. Manchmal harmonisch, manchmal dissonant, aber immer untrennbar mit dem Grundton verbunden.

Glaubst du denn, dass du nur dieser Körper/ Verstand-Organismus bist, der zur Gattung Mensch gehört, oder definierst du dich über das namen- und formlose reine Gewahrsein?

Da ist nichts mehr, das sich über etwas definieren muss. Da ist nur eine Art unfassbares, unpersönliches Wissen. Fraglose Klarheit. Gewahrsein. Sein. Alles, was auftaucht, ist DAS. Ob es nun Olivers Körper ist oder, von mir aus, ein Glas Bier. Es ist das EINE. Wie die Blume in Buddhas Hand, die, als er sie wortlos seinen Begleitern zeigte, von einem seiner Jünger als das EINE erkannt wurde. Die Blume ist bloss eine Metapher. Buddha hätte auch einen alten Schuh hochhalten können. Sein echter Nachfolger hätte verstanden.

∞

Erkennst du dich auch in den Wellen (Person), welche IM Ozean erscheinen?

Lass es mich folgendermassen sagen: Die Wellen sind so wie eh und je. Sie werden wahrgenommen, aber nicht vom Ozean und nicht von einer Person (Welle). Der Ozean erkennt die Wellen nicht als einen Teil von sich, denn dies ist ja nur ein Konzept, und die Wellen sind nicht verschieden vom Ozean. Sie werden gewissermassen von »niemandem« wahrgenommen. Man kann sagen, dass absolute Wahrnehmung geschieht. Solche, die kein Subjekt und kein Objekt erfordert, was aber für den menschlichen Verstand paradox klingt.

Schau, die duale Welt (Wellen, zu der auch menschliche Körper und Trennungsgedanken gehören), die gemäss diesem Konzept scheinbar aus dem EINEN (Ozean) aufsteigt, ist in jedem Augenblick vollkommen. Sie kann nicht anders, als vollkommen sein. Niemand ist da, der einen Einfluss darauf haben könnte, was wann wem geschieht. Diese duale Welt geschieht einfach. Ob sich eine Welle als Person definiert oder nicht ist vollkommen irrelevant. Es gibt keine Person mit einem freien Willen. Nur der Trennungsgedanke denkt, es sei so. Er personifiziert gewissermassen die Welle und trennt sie so scheinbar von den anderen Wellen.

Der Ozean identifiziert sich nicht mit den Wellen. Er lässt sie Wellen sein und IST einfach nur. Noch besser, er WEISS gar nichts von den Wellen. Du kümmerst dich ja auch nicht persönlich um jede einzelne deiner Darmzotten. Sie sind selbstverständlich und untrennbar ein Teil von dir. Man könnte es auch so verbildlichen: Dein Körper geschieht, obwohl sich vielleicht eines unter deinen Zehntausenden von Kopfhaaren plötzlich als Individuum und getrennt von dir fühlt. Dir ist das völlig egal, denn du weisst gar nichts davon. Du bist der Körper und dazu gehört selbstverständlich jedes Kopfhaar. Punkt. (Ausser natürlich die, die ausfallen. Das wären dann die vom Glauben abgefallenen. Und mit Glatze bist du erleuchtet. Ach lassen wir das.)

∞

Oliver, leidest du denn nicht mehr? Und ärgerst dich nicht mehr? Bist du noch wütend?

Oh ja, da kann natürlich immer noch Ärger auftauchen, auch Traurigkeit oder Angst. Ganz gemäss der Konditionierung des psychobiologischen Apparates namens menschlicher Körper. Alles kann auftauchen. Aber da ist einfach nur Ärger, und es können Handlungen stattfinden, um diesen Ärger, der als Energie im Körper wahrgenommen wird, abzubauen. Es sind aber keine Gedanken mehr da, die den Ärger personifizieren, ihm eine persönliche Geschichte geben und ihn schüren und aufblasen. Ohne diese Geschichte verschwindet der Ärger meist sehr rasch. Doch wie stark Ärger oder Traurigkeit auch immer sind: der unpersönliche Grundton von tiefem Frieden ist immer allgegenwärtig.

∞

Du sagst, auch Angst kann auftauchen, selbst wenn ein angsthabendes »Ichlein« nicht mehr da ist. Aber wie geht man mit den lästigen körperlichen Reaktionen um?

Du hast es bereits angesprochen: Wenn kein »man« mehr da ist, geht auch niemand mehr mit körperlichen Reaktionen in irgendeiner Weise um. Sie sind einfach da. Sie tauchen auf und verschwinden sehr rasch wieder, da sie keine Energie mehr von »jemandem« (dem »Ichlein«) erhalten, der sich in sie hineinsteigert, sie personifiziert, ihr Zeit und eine eigene Geschichte gibt und sie auf diese Weise verstärkt.

∞

Was genau ist das Verblüffendste an der neu gewonnenen Freiheit? Toleriert man z.B. plötzlich einen Menschen, den man eigentlich nie leiden konnte. Oder geniesst man wieder mal eine Zigarette, obwohl man Jahre gebraucht hat, um mit Rauchen aufzuhören?

Nein, man haut der Person, die man eigentlich nie leiden konnte, endlich eine runter.

Nun, es ändert sich im Grunde gar nichts. Das Sein, also der Grundton von unpersönlicher, allumfassender, lebendiger Existenz, ist ja immer da, in jedem Augenblick. So wie das hässliche Entlein, das nie wahrgenommen wird und das plötzlich als die Prinzessin erscheint, die es im Grunde immer war.

Zum Thema Gewohnheiten: Wenn da plötzlich nur noch Stille ist, also kein »Ichlein« mehr da ist, das dein Leben auf Schritt und Tritt kommentiert und bewertet, dann ändern sich natürlich zwangsläufig auch viele Verhaltensweisen. So können auch alte Gewohnheiten wieder auftauchen oder verschwinden. Das ist tatsächlich manchmal recht verblüffend.

Ein kleine Anekdote zum Schluss: Als ich und somit mein Verstand vor Jahren las, dass Zeit gar nicht existiere, versuchte ich mich an den zeitlosen Zustand zu gewöhnen, indem ich meine Armbanduhr, die ich bis dahin immer trug, für viele Jahre ablegte, auch wenn ich im Grunde Armbanduhren immer als sehr schön empfand. Nachdem, zusammen mit dem »Ichlein«, gleichzeitig Zeit und Raum verschwanden, war eine meiner ersten Handlungen die, meine Armbanduhr wieder anzulegen, da sie ganz einfach im täglichen Leben äusserst praktisch ist und erst noch schön aussieht.

∞

Was sagst du Menschen, die den Ich-Gedanke einfach
ignorieren und sagen, dass der sich ja eh nie auflöst,
und dass eh alles Einheit sei?

Wenn sogenannte »Einheits-Konzepte« – und das gilt übrigens für Konzepte ganz im Allgemeinen – auf den menschlichen Verstand treffen, können im Prinzip zwei Dinge geschehen:

1.) Entweder der Verstand beschäftigt sich damit

oder

2.) er lässt es sein, wobei ich dir diese zweite Variante schmackhaft machen möchte.

Im ersten Fall wird der Verstand versuchen, Einheit mittels Gedankengebäuden zu erklären, festzuhalten, zu konservieren und zu institutionalisieren. Er wird so im Laufe der Zeit zwangsläufig das Konzept »Einheit« für alle möglichen Zwecke missbrauchen und damit alles zu rechtfertigen versuchen. Religionen sind auf diese Weise entstanden.

Im zweiten Fall kann es geschehen, dass die Identifikation mit einem persönlichen »Ichlein« und somit die gedankliche Vorstellung von Einheit verschwindet. Was bleibt, ist, wen wundert's, immer noch Einheit, die natürlich auch im ersten Fall ebenfalls da ist.

Beide Fälle sind Ausprägungen des Lebens, oder besser gesagt, es sind Ausprägungen der Einheit, die das Spiel des Lebens spielt. Es sind Wellen auf dem Ozean der Einheit, der DU bist.

∞

SELBST DAS SELBST IST DAS EINE – LUSTIGE FRAGESTUNDE

Wenn Bewusstsein das einzige ist was ist, dann frage ich mich, mit wem z.B. ein Karl Renz Selbstgespräche führt?

Karl Renz kann das; er ist erleuchtet. Im Ernst: Wenn nur das EINE (das Selbst, das Sein) ist, dann ist auch Karl Renz, seine Selbstgespräche, deine Frage dazu, deine Verwunderung darüber und meine Antwort hier das EINE. Diese Frage-Antwort-Situation taucht gewissermassen als EIN raum- und zeitloses Ereignis aus dem EINEN auf. Das ist natürlich nur wieder ein Konzept, aber auch das Konzept ist das EINE.

Es ist wie der Spiegel beim Friseur, der deinen Kopf unendlich oft spiegelt. Alles fällt schliesslich auf das EINE zurück. Und auch das Zurückfallen ist das EINE...

∞

Würdest du das EINE eher als »tote Hose« oder als »universelle Intelligenz« bezeichnen?

»Universell«, also allumfassend klingt nicht schlecht. Aber intelligent? Das Einzige, was das EINE können muss, ist es, zu SEIN. Das ist einfach. Unendlich einfach. Dazu muss man nicht intelligent sein. Da kann man nichts falsch machen.

Doch »universelle Dummheit« klingt irgendwie auch nicht überzeugend. Jedenfalls ist das EINE furchtbar langweilig. Da läuft ja gar nichts. Da sind ja nur blöde Einheit, Liebe, Glück, Frieden und Freiheit. Also voll tote Hose! Nix los. Da suche ich mir doch ein anderes EINES...

Aber Spass bei Seite: Es gibt keine Definition und keine Vorstellung von Einheit. Was soll der Unterschied zwischen »Leere«, »Fülle«, »universelle Intelligenz« oder »tote Hose« überhaupt sein? Ich sehe da keinen. Das sind nur Worte. Du kannst auch sagen: Das EINE ist »Bratwurst mit Senf«. Das trifft es genauso. Alles, was ist, ist das EINE. (Kann es sein, dass ich mich wiederhole?)

ICH BIN AUCH EIN KURPFUSCHER

Was ist eigentlich der Unterschied zwischen dem modernen »Neo«-Advaita und dem klassischen Advaita Vedanta? Das moderne westliche Neo-Advaita kommt bei mir rüber, wie wenn ein Chirurg ohne ein Studium und eine praktische Ausbildung operieren würde.

Da der Verstand alles analysieren und einordnen möchte, dessen er sich bemächtigt, macht er zwangsläufig aus allem eine Lehre, also eine Wissenschaft.

Wenn der Verstand sich nun mit Einheit beschäftigt, geht er genau gleich vor. Er macht mittels der Technik der Analyse zwei und mehr Teile aus der Einheit. Er baut ein möglichst kompliziertes Gedankenkonstrukt auf und nennt dieses dann zum Beispiel »Religionswissenschaften«, »Philosophie« oder »Lehre des Advaita Vedanta«.

Der Begriff »Neo-Advaita« ist leider etwas unglücklich gewählt, da eine »Neue Nicht-Zweiheit« keinen Sinn macht. »Mein« Non-Dualismus kümmert sich nicht um die Form des traditionellen indischen Advaita Vedanta. Ich habe mir nur mangels besserer Alternativen das Sanskrit-Wort »Advaita« entlehnt, mehr nicht.

Vergiss also Advaita und Neo-Advaita. Es ist nur unnötiger Ballast. Hier geht es nicht um Worte, sondern um das EINE. Um das direkte, ungefilterte Vermitteln dessen, was nicht vermittelt werden kann. Hier in Europa und nicht in Indien. In Deutsch und nicht in Marathi oder Tamil. Voll die non-duale Faust in die Fresse! So lange, bis der Verstand aufgibt.

Nun zu deinem interessanten Vergleich. Ich würde das so formulieren: Wo es keinen Patienten gibt, besteht keine Notwendigkeit für einen Chirurgen. Dieser kann einen vollkommen Gesunden nicht gesünder operieren, auch wenn er noch so gut ausgebildet ist. Die Operation findet also nicht statt, weil sie als unnötig erkannt wurde, und zwar von »niemandem« (und dieser »Niemand« hat erst noch keinen Doktortitel, also wirklich, tststs).

∞

LASS DAS LOSLASSEN LOS

Es heisst, man müsse alles loslassen, um vollkommen befreit zu werden. Was bedeutet das genau?

So, heisst es? Nun, die konditionierte Vorstellung der Menschen in dieser dualen Welt von Zeit und Raum ist die, dass alles immer eine Ursache haben muss. Damit vollständige Befreiung stattfinden könne, so wird oft behauptet, müsse zuerst etwas geschehen. Es müsse zum Beispiel etwas losgelassen werden, zum Beispiel die Angst, das Materielle, bestimmte Gedanken etc. Oder aber es müsse ein »Tor zur Erleuchtung« durchschritten oder ein »Sprung in die Freiheit« getan werden. Die Liste ist unendlich lang.

Doch da ist niemand, der irgendetwas loslassen könnte oder müsste. Einheit kann Einheit nicht loslassen. Auch nicht durchschreiten. Einheit war, ist und bleibt immer Einheit. Es muss auch kein Reichtum aufgegeben werden, ausser man möchte fortan lieber auf der Strasse leben. Der Reichtum selber IST Einheit. Es muss auch kein »unwürdiger« Gedanke aufgegeben werden. Dieser Gedanke ist auch Einheit.

Befreiung geschieht also NICHT ALS FOLGE des Aufgebens von irgendetwas, sondern, wenn du so willst, TROTZ dieses Aufgebens. Aufgeben ist also weder notwendig, noch hinderlich. Einheit war vor dem Aufgeben da und Einheit wird auch nach dem Aufgeben da sein. So wie Wellen im Ozean immer da und immer der Ozean sind. Befreiung ist genau JETZT.

∞

VON GURUS UND ANDEREN PROJEKTIONS-FLÄCHEN

Mein indischer Guru sagt, Europäer und Amerikaner seien von Grund aus gierig. Immer auf Beutefang. Wer nicht zuerst direkt von VEDA (WISSEN) belehrt werde, verstehe Advaita Vedanta nicht. Übrigens mein Guru uralter vedischer Tradition reagiert sehr gereizt, wenn jemand sagt: »Hier ist niemand«. Was sagst du dazu?

Ich kann mich sehr gut in deinen Guru einfühlen. Er wurde jahrelang in seiner jahrtausendealten Tradition erzogen, vielleicht sogar gedrillt, und dann kommen die ignoranten Westler, die gierigen Imperialisten, und verwässern seine ihm wichtige Tradition, indem sie »heilige« Sanskritwörter missbrauchen.

Das Problem am Ganzen ist wahrscheinlich, dass es im Westen noch keine sinnvollen Alternativbegriffe für diese Art von »Wahrheitsvermittlung« gibt. Wenn du in eine Buchhandlung gehst oder im Internet surfst, findest du zum Beispiel *Tony Parsons* unter dem Begriff »Satsang« beziehungsweise »Advaita«. Diese Tatsache ist der einzige Grund, weshalb ich die

Worte »Satsang« und »Neo-Advaita« überhaupt verwende.

Zum Konzept »Hier ist niemand«: Es ist diese spezielle Aussage westlicher »Hardcore-Non-Dualisten«, die in mir ganz persönlich eine grosse Resonanz ausgelöst hat und mir Vertrauen geben konnte, während ich mit »heiligen Schriften« wie der Bibel, der Bhagavad Gita oder den Upanishaden einfach nie richtig warm wurde. Die Kernaussagen waren mir dort viel zu verwässert und mit viel zu vielen Wörtern, Umschreibungen und Geschichten wiedergegeben. Ich wollte die »Faust der Wahrheit« lieber voll in die Fresse und mir nicht 1000 Leben lang meinen Verstand mit indischen Versen volllabern lassen. So sind wir Westler eben. Jeder Mensch ist anders konditioniert worden.

Selbstverständlich ist mir heute die Kernaussage dieser alten Schriften vollkommen klar, aber nur, weil der Verstand nun nicht mehr dazwischenfunkt. Der ganze Umweg über heilige Schriften und Meditation war für mich, so scheint es, unnötig. Mit dem Erwachen war augenblicklich Klarheit da. Der Fokus ist immer auf den Kern der Wahrheit gerichtet, so wie der Finger des Meisters permanent auf den Mond zeigt, seine Schüler aber die Hand studieren.

∞

Aber warum werden wir dann von Madhukar und anderen mit unnötigem Entertainment von unserer Freiheit weggerückt? Wie sollen wir von einem Fahrlehrer Autofahren lernen, der noch nicht darauf gekommen ist, dass das Auto von alleine fährt?

Mit dem gleichen Argument könnte man sagen, dass du mit den vielen überflüssigen Wörtern meines Buches von deiner Freiheit weggerückt wirst. Nein, du musst nichts lernen, um das zu werden, was du schon bist. Lernen ist gut für das Gehirn und den Verstand, doch der hat hier für einmal nichts verloren.

Es scheint so, dass es in der Natur dieses psychosomatischen Apparates »Mensch« liegt, irgendetwas tun zu müssen, um gewissermassen seinen Lebens-Tonus aufrecht zu erhalten. Wenn keine Identifikation durch ein »Ichlein« mehr da ist, wird er am ehesten das tun, was er gerne tut, sich gewohnt ist oder am besten kann. Im Falle von *Madhukar* ist das eben, Satsang mit viel Entertainment zu geben. *Madhukar*, den ich nicht näher kenne, ist vollkommen anders konditioniert als ich, und sein Satsang ist dementsprechend anders. Inhaltlich ist natürlich kein Unterschied da. Er und ich wissen, dass nichts getan werden muss, um das zu werden, was man schon ist. Wir schaffen aber mit unserer unterschiedlichen Art Raum für viele Möglichkeiten, wo plötzlich Suchende die Aussage, dass eine Suche unnötig ist, akzeptieren können und so die Identifikation abfällt. Wenn du jemanden als deinen Guru akzeptierst, also als denjenigen, von dem du dich aus der Dunkelheit zum Licht führen lässt, spielt es keine Rolle, was er sagt und tut.

Weshalb wir das machen? Nun, es taucht eben einfach auf. Dass ich hier deine Fragen beantworte, obwohl ich in dir nur Einheit sehe, ist das göttliche Spiel des Lebens.

Kurzum: Hast du genug von Yoga, Meditation, Räucherstäbchen und Indienreisen, liest du wahrscheinlich mein Buch oder kommst mit mir zum Kaffee trinken und gehst nicht zu *Madhukar*. Oder falls du lieber etwas völlig anderes machst, z.B. dir Spielfilme anschauen, dann machst du eben das. Es ist ebenfalls das EINE. Da gibt es nichts anderes.

∞

Vermittelt uns Andrew Cohen auch die Wahrheit? Unseres Ermessens holt er etwas aus, bleibt aber eng am Kern. Siehst du Parallelen zu deinem persönlichen Lehrstil?

Wahrheit kann eh nicht vermittelt werden. Alles was geschieht, geschieht in der zeit- und raumlosen Einheit, so auch *Andrew Cohen* und seine Lehre. Sie sind nicht getrennt von euch und von mir. Was auch immer er euch sagt, was ihr tun sollt oder nicht, um Befreiung zu erlangen, ist genau DAS, was auftaucht und es ist somit vollkommen. Es ist DAS. Wenn ihr Freude an seinen Worten habt, euch von ihnen angezogen fühlt und ihnen vertraut, wird dies eben euer Weg sein beziehungsweise der Weg des psychosomatischen Apparates, für den ihr euch hält. Ansonsten werdet ihr euch einen anderen Lehrer suchen oder das Handtuch werfen, weil ihr von alledem genug habt.

Alles ist der Film des Lebens, der IN EUCH, in der Einheit, auftaucht. Es spielt keine Rolle was *Andrew Cohen* sagt. Er kann nicht mehr oder weniger aus euch machen als das, was ihr schon seid. Einheit. Mit der scheinbaren Befreiung des *Andrew Cohen* seid auch ihr befreit worden. Ob ihr zu *Andrew Cohen*, zu mir oder ins Theater geht, es ist in jedem Moment genau DAS da, was ihr sucht.

∞

Mein indischer Guru sagt: »Du bist Liebe.« Okay, sage ich, dann bin ich ja auch Neid und Hass! Das hat ihm aber gar nicht gefallen. Was sagst du als anerkannter Satsang-Lehrer dazu?

Meine Antwort als »anerkannter Satsang-Lehrer« kommt direkt vom gesunden Menschenverstand, der im täglichen Leben durchaus eine wichtige Funktion hat:

Wenn dein Guru dualistisch lehrt – deine Frage deutet darauf hin – und sein Konzept besagt, dass DAS, was du wirklich bist, Liebe ist, das »wahre Selbst«, dann stellen die beiden Todsünden Neid und Hass den Gegenpol dazu dar, also das, dem es seinem Konzept gemäss zu entsagen gilt. Dein Guru möchte dir mit diesem Konzept helfen, ein liebevoller, »besserer« Mensch zu werden. Religionen möchten dies im Übrigen auch von ihren Mitgliedern. Es ist also eine Art geistige Umschulung, die dir dein Guru anbietet.

Wenn du aber mit non-dualistischen Argumenten kommst, führt das zu nichts. Das ist, als ob ein Katholik versuchte, mit seinen Gedankenspielen den Papst vom Katholizismus abzubringen. Natürlich bist du dem Axiom des Non-Dualismus gemäss, wo alles eins ist, auch Neid und Hass. Du bist auch Spaghetti. Na und? Darum geht es ja nicht. Dein Guru möchte dir mit seiner Aussage ein Geschenk machen, doch du lehnst es ab, indem du ihn mit non-dualistischen Gedankenkonzepten in Frage stellst.

Kein Wunder gefällt ihm das nicht, da er sieht, dass du bei ihm am falschen Ort bist. Das ist das Spiel des Lebens, und du hast soeben gegen die Spielregeln deines Gurus verstossen. Schwamm drüber.

∞

Du stellst meinen liebenswürdigen Guru (Brahmane) in Frage! Er ist kein Schokoladenverkäufer. Er würde niemals sagen, dass alles eins ist, oder dass IST = SOLL ist. Er sagt, du bist DAS und meine Wirklichkeit als Mensch ist DAS.

Nun, jeder Lehrer, Meister oder Guru – ob Brahmane, Buddhist, Christ oder Muslim – ist in gewisser Weise ein Schokoladenverkäufer, was übrigens eine wunderschöne Metapher ist. Ich bin ebenfalls einer. Wir versuchen, euch mit Worten das Mysterium zu verkaufen, dass eine Suche nach Erleuchtung, also nach Schokolade, unnötig ist. Dass ihr bereits den Kühlschrank voller Schokolade habt! Wir sind also eigentlich schlechte Verkäufer, da wir euch gar nichts verkaufen. Wir sehen, dass ihr schon alles habt und sagen euch das. Voilà! Der eine tut es dualistisch, der andere non-dualistisch. Jeder, wie er es gelernt hat und es am besten kann. Es spielt keine Rolle, mit welchem Finger der Meister auf den Mond zeigt und wie dieser beschaffen ist; ob er gross oder klein, dick oder dünn, glatt oder haarig, sauber oder schmutzig ist. Der Finger ist unwichtig. Es zählt nur der Mond.

∞

Kannst du bitte Papajis Metapher mit dem »Seil, das die ganze Zeit als Schlange gesehen wurde«, übersetzen?

Damit alle hier wissen wovon die Rede ist, gebe ich kurz die besagte Metapher wieder:

»Du hast Angst die Strasse zu überqueren, auf deren anderer Seite Freiheit liegt, weil du eine Schlange siehst, die aufgerollt in der Mitte der Strasse auf dich wartet. Jeden Tag kommst du zurück, siehst die Schlange und fürchtest dich, weiterzugehen. Eines Tages kommt jemand von der anderen Seite und sagt: »Es ist nur ein Seil. Es gibt keine Schlange, lediglich ein Seil.« Diese Autorität sagt die Wahrheit und du erkennst sie. Welches Tun findet hierbei statt? Was hast du mit der Schlange gemacht? Wohin ist die Schlange gegangen? »Ich bin gebunden« ist eben diese Schlange. Die Schlange hat es nie gegeben. Du musst die Hindernisse Angst und Zweifel beseitigen. Sieh das Seil als das was es ist.«

Papaji spricht Vertrauen an. Satsang funktioniert nur, wenn Vertrauen in denjenigen da ist, der sagt, dass die Schlange, also die Welt der Dualität, illusionär ist. Dass sie bloss ein Seil, also Einheit ist. Aber eigentlich geschieht gar nichts. Die vermeintliche Schlange war vorher ein Seil und ist es nachher immer noch. Das »Ichlein« wird aber immer denken, dass das Seil eine Schlange ist. Es kann nicht anders. In dem Augenblick, wo mit dem Verschwinden, dem Tod des »Ichleins« Erkenntnis da ist, wird die Schlange als Seil gesehen. Aber nicht vom »Ichlein«, sondern es ist absolutes Sehen. Die Strasse, also die Trennung, der Lehrer, die Schlange, das Seil und der Schüler gehen in diesem Sehen auf und werden eins.

DASS aber überhaupt Vertrauen da ist, kann niemand bewirken. Kein Lehrer, Meister oder Guru. Er kann dir noch so oft sagen, dass du die Hindernisse Angst und Zweifel beseitigen musst. Vertrauen taucht einfach auf, so wie dieses Buch einfach für dich (ja, genau JETZT, NUR für dich!) auftaucht. Es ist eine Art tiefe Resonanz, eine uralte Erinnerung, dass das, was hier gesagt wird, wahr sein muss.

Ich sage es immer und immer wieder: es gibt keine Hindernisse! Das mit dem Seil ist nur eine Metapher für den Verstand. Vergiss sie. Die Strasse hat es nie gegeben.

Das folgende Bild beschreibt meiner Meinung nach die verzweifelte Lage einer spirituell suchenden Person besonders treffend. Es kommt zufälligerweise auch ein Seil darin vor:

Eine spirituell suchende Person denkt, sie hange an einem Seil über einem tödlichen Abgrund. Sie hält das Seil verkrampft mit beiden Händen fest, da sie überzeugt ist, sie würde in den Tod stürzen, liesse sie es los. Da sie sich die ganze Zeit über auf das Seil und die Steilwand über ihr konzentriert, übersieht sie, dass sie bereits mit beiden Beinen fest unten am Boden steht. Ich stehe daneben und weise sie mit meinen Worten darauf hin, im Wissen, dass sie in Sicherheit ist. Ich kann ihr aber die Hände nicht vom Seil lösen, da ich nur meine Worte habe, um Vertrauen zu schaffen. Ist Vertrauen da, wird das Seil losgelassen. Und, wer hätte das gedacht, es ändert sich nichts, da alles schon vorher perfekt war.

∞

Die Worte von H.W.L. Poonja: »From the first not a thing is. From the outset your nature is free.« erscheinen uns theoretisch plausibel. Kannst du dennoch eine Metapher beziehungsweise einen direkten Bezug auf das praktische Leben zeigen?

Sehr frei, aber sinngemäss übersetzt, bedeuten die Worte *Poonjas*: »Da ist nichts, was es zu tun gäbe um frei zu sein. Deine wahre Natur ist es, frei zu sein.«

Ihr könnt euch also nicht zu etwas machen, was ihr schon von Natur aus seid. Deshalb rät euch *Poonja*, einfach nur still zu sein. Mit »still« meint er nicht, dass ihr nicht sprechen dürft oder zu meditieren anfangen sollt. Nein, er sagt, dass ihr, weil ihr ja schon frei seid, nichts falsch machen könnt. Es gibt nichts, das euch daran hindert, frei zu sein. Das ist die ABSOLUTE Stille, die in jedem Moment da ist, was auch immer ihr tut. Praktischer geht es nicht, oder? Diese Stille ist eure wahre Natur. Das Sein. Einheit. Die pure Existenz, die euch näher ist als alles, was ihr euch vorstellen könnt, weil ihr sie bereits SEID.

∞

Gandhis Botschaft »Du musst selbst die Veränderung sein, die du in der Welt sehen willst« trifft unserer Meinung nach exakt auf dich als Wegweiser und Lehrer zu! Wie würdest DU diese Botschaft formulieren, da ja eigentlich gar keine »Veränderung« nötig ist?

Gandhi spricht mit seinen Worten die Vorbildfunktion des Lehrers an, die im täglichen Leben nach den Gesetzen von Ursache und Wirkung dieser dualen (Schein-)welt am ehesten Veränderungen von Gewohnheiten bewirken kann, da sie Vertrauen schafft. Ganz nach dem Motto: »Wie du in den Wald rufst, so tönt es zurück.« In diesem Sinne ist meine Funktion hier die eines Lehrers, der mit dem, was er erzählt, Vertrauen schaffen soll.

Da meine »Botschaft« im Gegensatz zu Gandhis dualer Botschaft aber non-dual ist, kommt es, sobald Worte im Spiel sind, zwangsläufig zu paradoxen Situationen. Einerseits sage ich euch, indem ich viele Worte benütze, dass ihr Vertrauen haben sollt, und andererseits sage ich, dass, um befreit zu werden, keine Veränderung stattfinden muss, da Befreiung schon JETZT da ist. In meinen Augen seid ihr ja bereits befreit und eins mit mir und mit allem, denn mit der Befreiung des scheinbaren Individuums ist sogleich die Befreiung der Welt da, die in Einheit aufgeht.

Weshalb also diese Botschaft von mir? Nun, in dieser »Botschaft«, die es gar nicht braucht, seid ihr, Gandhi und ich EIN zeit- und raumloses Ereignis, das scheinbar in der Einheit geschieht. Grundlos. Sinnlos. Es hat also gar nicht wirklich stattgefunden, denn da ist nur Einheit. Gandhi taucht gewissermassen IN EUCH auf. Ihr seid Gandhi. Deshalb könnt ihr euch entspannt zurücklehnen und all die Lehrer und Vorbilder vergessen, die euch irgendetwas in Sachen Erwachen und Befreiung weismachen möchten, denn im Augenblick der scheinbaren Trennung von der Einheit ist Befreiung bereits geschehen.

∞

HALLO, HIER SPRICHT DAS SEIN

Was ist es eigentlich, das sich durch dich mitteilt? Geschieht überhaupt etwas, wenn wir deinen Satsang besuchen? Die »Neulinge« fassen doch alles erst einmal mit dem Verstand auf. Sie müssen quasi das Gelesene erst komplett loslassen, um ES zu finden? Es reicht also nicht, wenn du uns sagst, dass wir nicht blind sind. Wir müssen uns bewusst werden, dass das SEHEN immer ist.

Wenn du zu einem Lehrer gehst, nimmst du, bewusst und unbewusst, mit deinem Verstand und mit all deinen Sinnen alles von ihm auf. Nur wenn die »Chemie« zwischen euch stimmt, nimmst du ihm ab, was er sagt. Das ist Vertrauen. Das kann nicht erzwungen werden.

Menschen, die zu mir kommen, sind oft überrascht, wie normal ich bin. Ich bin der Typ, mit dem man einen Kaffee oder ein Bier trinken und ins Kino gehen kann. Sie sehen keinen unerreichbaren weissbärtigen Guru vor sich, sondern jemanden, der so ist und so spricht wie sie. Das wirkt sehr beruhigend und ermöglicht es ihnen, vertrauensvoll die Suche zu beenden.

Übrigens: Du musst dir nicht bewusst werden, dass SEHEN immer da ist. Falls dein Verstand meine Metapher von der Brille auf der Nase so auffasst, dann ist die Metapher für dich leider falsch gewählt. Das ist eben oft so mit diesen verflixten Metaphern und Gleichnissen; sie werden leider meistens vom Verstand auf irgendeine Weise gedeutet. Nein, du musst NICHTS tun. Lebe, wie das Leben dich lebt. Jeder Moment ist vollkommen, auch der Moment der Suche und der Verzweiflung. Entspanne dich und tue am besten etwas, was du von dir aus gerne tust. Denke nicht darüber nach, weshalb du das tust. Das ist es.

∞

GUTE ZEITEN, SCHLECHTE ZEITEN

Sind Beziehungen mit einem (am besten mit beiden!) essentiell verwirklichten Partnern im Vergleich zu »normalen« Beziehungen eigentlich im Vorteil, weil Einheit eh alles akzeptiert, wie es ist und weil quasi der »wissende« Partner immer nachgibt?

Ich muss mal kurz meine Frau fragen, ob sie erleuchtet ist. Nein, Quatsch. Einheit akzeptiert alles, Menschen nicht. Einheit kann keine Beziehungen eingehen, Menschen schon. Mit dem Erlöschen der persönlichen Identifikation ist generell mehr Ehrlichkeit und Authentizität da. Dies kann auf eine Beziehung die unterschiedlichsten Auswirkungen haben, wie du dir vorstellen kannst: Wenn du dich in eine Höhle zurückziehst, läuft dir die Frau vermutlich davon.

Anderes Beispiel: Nehmen wir mal an, du liebst Spaghetti und verabscheust Blumenkohl. Du bist also darauf konditioniert worden. Dann wirst du vermutlich dein Leben lang bei dieser Vorliebe bleiben, falls es die äusseren Umstände erlauben. Genauso wirst du – ob sogenannt »verwirklicht« oder nicht – generell die Nähe zu Menschen bevorzugen, zu denen du dich angezogen fühlst, bei denen also die »Chemie« stimmt, wie man so schön sagt, und mit ihnen eine Beziehung eingehen.

∞

Und wie können wir deine Ozean-Metapher auf diese Frage anwenden? Was ist der Ozean, wer sind die Wellen?

Der Ozean ist Einheit, die Wellen sind Formen der dualen Welt, also auch Menschen, bestehend aus Gedanken und Körpern, die als Gedankenformen bezeichnet werden können. Eine einzelne Welle hat keinen Einfluss darauf, wie sie beschaffen ist und wie sie sich verhalten wird, ob sie Spaghetti oder Blumenkohl lieber hat, von welcher anderen Welle sie sich angezogen fühlt etc. Wenn sie aber denkt, sie sei getrennt von den anderen Wellen und vom Ozean, sich also mit einer Person, dem »Ichlein«, identifiziert, akzeptiert sie diese Tatsache nicht. Sie hat das Gefühl, die Handelnde mit einem freien Willen zu sein. Sie wird jeweils – metaphorisch gesprochen –

den physikalischen Gesetzen (Konditionierung) ge-
horchend mit anderen Wellen interagieren und sich
mit ihnen verbinden (Beziehungen eingehen), wieder
aufgespalten werden (Trennung einer Beziehung),
verschwinden (Tod) oder neu entstehen (Geburt).
Dies alles geschieht im Ozean. Es IST der Ozean.
Das, was du, die Welle, im Grunde ja bist. Das
SEIN.

∞

BIN ICH NUN ERLEUCHTET ODER WAS?

Wenn ich Lehrer über Wahrheit und Erwachen spre-
chen höre, habe ich das Gefühl, dass ich seit jeher so
bin. Seit einiger Zeit scheint so etwas wie ein Filter
zwischen »mir« und der »Realität« zu sein. Mit diesem
Filter geht eine starke Müdigkeit, eine Anspannung und
manchmal auch eine Depression einher, zusammen mit
einem starken Gedankenfluss. Letztes Jahr habe ich
einen tiefen Frieden erfahren, in dem alles Kämpfen
endete. Doch ich bin irgendwie immer noch nicht ganz
zufrieden damit. Ich falle von Zeit zu Zeit immer wie-
der in Leidenszyklen und habe das Gefühl, dass ich
zwar in tiefstem Frieden, aber nicht im »maximal mög-
lichen« Sein bin.

Was du mir da beschreibst, scheinen verschiedene
Zustände zu sein, die deinem Körper geschehen und
dich verwirren, da du sie deuten und verstehen
möchtest. Wenn Erwachen geschieht, und damit
einher Wissen auftaucht, dass da nur Einheit ist, und
wenn mit dem Erwachen dieser tiefe Friede kommt,
möchte das »Ichlein« diesen angenehmen Zustand
sogleich festhalten. Es fängt also an, sich mit dem
Zustand des tiefen Friedens zu identifizieren. Wenn
dann plötzlich eine Veränderung eintritt, wenn also

z.B. Gefühle wie Traurigkeit oder Ärger auftauchen, ist das »Ichlein« sehr enttäuscht, weil diese Emotionen nicht seinem idealisierten Bild von Erleuchtung entsprechen. Vollkommene Befreiung heisst, dass das »Ichlein« keinen erwünschten erwachten Zustand mehr festhalten und keinen unerwünschten Zustand mehr ablehnen möchte. Es möchte das göttliche Fahrzeug des Lebens nicht mehr mühsam selber steuern müssen, sondern akzeptiert, dass es gar keinen Steuermann dafür braucht, ja gar nie einen brauchte. In dieser absoluten Freiheit kann ALLES geschehen. Es geschieht IN dem, was du bist. Lass es einfach geschehen und kümmere dich nicht darum. Es muss und kann nichts getan oder geändert werden, um frei zu sein.

∞

Bitte sag uns Blinden irgendetwas Verblüffendes, dass wenigstens mal ein (!) Auge aufgeht.

Da gibt es nicht »mehr« zu sehen, als das, was nicht schon hier und jetzt da ist. Auch nicht mit einem Auge. Überall, wo ihr gerade seid, und bei allem, was ihr gerade tut. Ich sehe nicht mehr als ihr. Ihr seht, wenn schon, »scheinbar« mehr als ich. Oder besser gesagt: Ihr denkt, ihr müsstet mehr sehen. Ihr interpretiert mehr in DAS hinein, was einfach nur da IST.

Doch – ihr kennt die Antwort schon – auch diese Interpretation ist die Einladung der Einheit an euch, Befreiung als das zu akzeptieren, was sie ist: das absolut Unspektakulärste, was man sich vorstellen kann. Deshalb braucht es nichts Verblüffendes. Ist es nicht schon verblüffend genug, dass euch nichts von der Freiheit trennt? Ich kann euch weder etwas geben, noch etwas wegnehmen, da es nicht nötig ist. Entspannt euch und wartet nicht auf ein spezielles Ereignis. Die vermeintliche Warterei IST das Ereignis! Ihr habt die Brille auf und die Augen offen. Feiert diese Tatsache jeden Moment. Die banalen, unspektakulären und unspirituellen Papierseiten dieses Buches, auf die ihr jetzt gerade schaut, SIND ES.

∞

Aber, heisst das jetzt, ich kann einfach nach Hause
gehen, einen Kuchen backen und die Zeitung lesen? Ist
es genau das?

Ja, genau das. Ich möchte aber auch ein Stück
Kuchen, gell!

∞

Eine Leserin schreibt:

»Wenn du ernsthaft etwas suchst,
was auch immer es ist,
dann findest du es in Olivers Antworten.
Lies sie mehrmals und vertraue ihm.
Bitte!
Es lohnt sich!«

»Worte kann ich hinschreiben.
Ob sie zu Vertrauen führen oder nicht, ist Gnade.«
Oliver

»ICH BIN. ICH EXISTIERE. Das ist alles.
Ich bin VOR Geburt und Tod,
VOR allen Konzepten.
Bevor die Welt war, BIN ICH.«

∞

DER AUTOR

Oliver Bosshard wurde 1970 in Zürich in der Schweiz geboren. Er lebt heute in Winterthur, wo er Menschen zu Satsang in öffentlichen Cafés trifft. Dieses Buch ist sein Geschenk an den spirituell suchenden Menschen, der die ewige Suche satt hat.

Satsang mit Oliver Bosshard ist kompromissloser Non-Dualismus und bewegt sich jenseits von Religionen, Philosophien und Glaubensvorstellungen.

Oliver ist kein Guru. Er ist ein stiller Begleiter, der mit einer Portion Humor alle Konzepte der suchenden Person ad absurdum führt, bis absolut nichts mehr übrig bleibt. Dieses Nichts ist DAS, was immer gesucht wurde. Es ist das Ziel einer Reise, die nie begonnen hat.

∞

www.satsang.ch

AUF DEN PUNKT GEBRACHT

»Ich vermittle nichts, denn nichts kann dem
hinzugefügt werden, was bereits vollständig ist.«

∞

»Befreiung ist immer näher als du denkst.«

∞

»Beruhige dich und vergiss Erleuchtung. Sie ist bloss
wieder ein Konzept. Eines unter Abermillionen von
Konzepten. Ein leeres Gedankengebilde des
Verstandes, das aus DEM aufsteigt, was du bist.
Aus der Einheit.«

∞

»Es gibt keine erleuchtete Person.
Wenn Erleuchtung auftaucht,
dann taucht sie für niemanden auf.«

»Erleuchtung ist gleichbedeutend mit dem
Wegfallen der Person, die Erleuchtung anstrebt.«

∞

»Das gnadenlose Sein kennt keine Gnade,
denn es ist die Gnade selbst.«

∞

»Gnade ist immer gegenwärtig. Sie ist das einzige,
was ist. Sie kann von niemandem gegeben werden,
und du kannst dich nicht auf sie vorbereiten.
Gnade ist die Einladung, das Geschenk des Seins
an sich selbst, zu akzeptieren, dass DAS, was ist,
das Eine ist. Die Essenz von dir.«

∞

»Niemand, keine Person, kein Lehrer, Meister
oder Guru kann etwas dazu beitragen, dass Erwachen

geschieht. Auch ich nicht. Denn es ist niemand da,
der wählen könnte, ob, wann und wem es geschieht.
Und das ist gut so, denn es muss ja gar nichts
geschehen, da gleichzeitig mit der scheinbaren
Trennung von der Einheit das Erwachen
bereits geschehen ist.«

∞

»Die Brille der Wahrheit, die du verloren zu haben
glaubst und nun verzweifelt suchst, sitzt wie eh und
je auf deiner Nase. Nimm das Geschenk an.
Schaue einfach durch sie hindurch, wie du es schon
immer getan hast. Und geniesse die klare Sicht.«

∞

»Wahrheit, die festgehalten wird,
ist keine Wahrheit mehr.«

∞

»Du musst kein sanftmütiger, reiner, religiöser oder spiritueller Mensch werden, damit du würdig bist, befreit zu werden. Befreiung ist bereits JETZT da. Immer, in jedem Moment.«

∞

»Wenn du glaubst, unbedingt etwas tun zu müssen, dann trage einfach immer ein Gefühl in dir, wie es wäre, wenn du das, was du suchst, schon gefunden hättest.«

∞

»Es gibt keine Hindernisse auf dem Weg zur Befreiung. Das einzige scheinbare Hindernis ist die Überzeugung, dass es da ein Hindernis gäbe. Und selbst diese Überzeugung ist in Wirklichkeit kein Hindernis, denn sie ist das, was in diesem Moment auftaucht und somit absolut perfekt.«

∞

»Der zeitlose Moment ist immer vollkommen. Selbst
wenn du, sagen wir mal, unbewusst isst
und gleichzeitig fern siehst, dann ist dies eben
Einheit, die als der Unbewusst-Essende-und-
gleichzeitig-Fernsehende erscheint.
Alles was geschieht, ist genau DAS. Es taucht im
Gewahrsein, in dir, auf. Es bist nicht du, sondern es
ist die über Äonen konditionierte Manifestation.
Eine momentane Ausprägung des Göttlichen.«

∞

»Alles, was ist, ist das Gesuchte.«

∞

»Die Überzeugung, es gäbe ein Hindernis auf dem
Weg zu Erleuchtung, ist nur ein einziger unter
unzähligen leeren Gedanken, die aus dem Sein
auftauchen und wieder verschwinden.
Wie Wellen aus dem Ozean. Es ist die Bestimmung
der Wellen, aufzusteigen und wieder abzusinken.«

»Ihr müsst nicht geweckt werden,
da ihr gar nicht schläft.«

∞

»Der freie Wille ist eine Illusion des Verstandes.«

∞

»Da ist niemand, der wählen könnte, irgendetwas zu
tun, geschweige denn zu erwachen. Da ist auch nie-
mand, der Erwachen lehren könnte. Es gibt weder
Schüler noch Meister. Es gibt nur DAS, das Sein.
Es ist Lernen, Lehren und Gelerntes gleichzeitig.
Es taucht aus dem auf, was du bist.
Es ist das, was du bist.«

∞

»Vergiss das Konzept des unfreien Willens,
des unendlichen Glücks und der Freiheit.
Lebe, wie das Leben dich lebt.«

∞

»Das Sein kümmert sich nicht um diesen Film
des Lebens, der sowieso abläuft, wie er eben abläuft.
Das Drehbuch ist geschrieben, der Film ist gedreht
und alle Rollen werden von dir gespielt.
Du bist die Leinwand, auf die der Film projiziert
wird, du bist das Licht und du bist die Zuschauer.
Ja du bist sogar das Popcorn.«

∞

»Alles, was dir als scheinbarem Körper-Geist-
Komplex geschieht, ist vollkommen.«

∞

»Es gibt kein »Was wäre, wenn...«
Das Leben verpasst dich nie. Das ist das Spiel.
Es hat nichts mit dir als Essenz zu tun.«

∞

»Es gibt nichts zu erkennen, weil es für absolute Er-
kenntnis weder jemanden gibt, der erkennt
(Subjekt), noch etwas, was erkannt werden kann
(Objekt). Es gibt niemanden, der die Erkenntnis von
Erleuchtung haben könnte. Man kann höchstens
sagen, dass mit der Erleuchtung die unpersönliche
Erkenntnis auftaucht, dass alles, was in jedem
Moment geschieht, das Eine, Vollkommene ist.«

∞

»Ich bin wie der Sehende unter Blinden,
der sieht, dass niemand blind ist.«

∞

»Ich lehre nicht. In meinen Worten zeigt Einheit der Einheit die Absurdität des Spiels des Getrenntseins auf.«

∞

»Meine Worte sind wie das unablässige Mantra des Meisters, der sagt, dass es weder einen Meister gibt, noch einen braucht.«

∞

»Du willst frei sein? Dann schaue nicht auf den völlig belanglosen Finger des Meisters, wenn er dir den Mond zeigt. Lass die Versuche, den Finger (Dualismus) mit Hilfe von gedanklichen Konzepten mit dem Mond (Non-Dualismus) in eine logische Verbindung zu bringen. Es ist weder möglich, noch nötig. Habe Vertrauen und schaue auf den Mond. Dann wird automatisch Klarheit da sein.«

»Einheit kann nicht erreicht werden, und es muss nichts getan werden, um Einheit zu offenbaren. Sie kann mit dem Verstand nicht erfasst und mit Worten nicht beschrieben werden. Worte können nur als Wegweiser zur Wahrheit dienen.«

∞

»Die letztendliche Erkenntnis erfolgt aber nicht wegen, sondern trotz der Worte.«

∞

»Der letzte Schritt der spirituellen Reise, der »Sprung in die Erleuchtung«, kann und muss nicht gemacht werden, da es weder eine Reise, noch Erleuchtung gibt.«

∞

»Spirituelle Suche und Erleuchtung sind eins.«

»Alle scheinbaren Probleme führen zu dem einen
Trennungsgedanken in der frühen Kindheit zurück.
Zu der Überzeugung, ein Körper, also ein getrenntes
Wesen mit einem freien Willen zu sein, das sich in
der Welt behaupten und verteidigen muss.«

∞

»Alles erscheint in dir, nichts ist getrennt von dir.
Die Welt erscheint in dir, nicht umgekehrt.«

∞

»Es spielt keine Rolle, was für einen Charakter du
hast, und was alles in deinem Leben auftaucht, denn
es hat nichts mit dir als Essenz zu tun.
Es taucht IN dir auf. Im reinen Gewahrsein.«

∞

»Konzepte werden dich letzten Endes nicht
befreien. Bücher mit Konzepten füttern nur
den Verstand.«

∞

»Das einzige Konzept, das zu dem führt,
was konzeptuell nicht erreicht werden kann,
ist die Akzeptanz, dass alle Konzepte unnötig sind.«

∞

»Es spielt keine Rolle, mit welchem Finger der Meister auf den Mond zeigt und wie dieser Finger beschaffen ist. Ob er gross ist oder klein, dick oder
dünn, glatt oder haarig, sauber oder schmutzig.
Der Finger ist unwichtig. Es zählt nur der Mond.«

∞

»Befreiung geschieht nicht als Folge des Aufgebens
von irgendetwas, sondern, wenn man so will,
TROTZ des Aufgebens.«

∞

»Der Verstand ist das perfekte Messer.
Sein einziger Daseinszweck ist es, zu teilen.
Alles muss geteilt und in ein System eingebaut
werden. Das ist perfekt so, denn ohne den
Verstand wäre unser tägliches Leben
unmöglich zu bewältigen.«

∞

»Wenn der messerscharfe Verstand Einheit
begreifen möchte, scheitert er zwangsläufig.
Ein Messer ist zum Teilen da,
nicht zum Zusammenfügen.«

∞

»Der Leim, der die Dualität zur Einheit zusammenfügt, ist das Nicht-Verstehen-Wollen.«

∞

»Das Leben, das göttliche Spiel, ist wie ein Schachspiel mit unendlich vielen Feldern, das mit der Taktik des menschlichen Verstandes nie gewonnen werden kann.«

∞

»Vollkommene Stille entsteht nicht durch den Wegfall von Gedanken, sondern durch den Wegfall derjenigen Person, die sich mit diesen Gedanken identifiziert.«

∞

»Ich bin, obwohl ich denke.«